好的婚姻，
要守护财产和爱

升级增订版

吴杰臻 著

北京联合出版公司
Beijing United Publishing Co.,Ltd.

图书在版编目（CIP）数据

好的婚姻，要守护财产和爱：升级增订版 / 吴杰臻
著 .—北京：北京联合出版公司，2021.8（2025.1重印）
ISBN 978-7-5596-5413-7

Ⅰ.①好… Ⅱ.①吴… Ⅲ.①婚姻法—中国—通俗读
物 Ⅳ.① D923.9-49

中国版本图书馆 CIP 数据核字（2021）第 131426 号

好的婚姻，要守护财产和爱：升级增订版

作　　者：吴杰臻
出 品 人：赵红仕
责任编辑：徐　樟

北京联合出版公司出版
（北京市西城区德外大街 83 号楼 9 层　100088）
三河市嘉科万达彩色印刷有限公司印刷　新华书店经销
字数 213 千字　　800 毫米 × 1230 毫米　1/32　9.5 印张
2021 年 8 月第 1 版　2025 年 1 月第 10 次印刷
ISBN 978-7-5596-5413-7
定价：59.00 元

推荐序

常有人喜欢怀旧，怀念过去的时代，怀念乡下的美好。

我比较少有这种情怀。我唯一怀念的是过去的自然环境，更有田园乡村的味道。

但对于人的社会环境来说，特别是对女性，我真看不出，她们有什么理由怀念过去，何况是怀念多年前的农村。我在河北农村长大，深切地知道，过去农村的一些习俗对女性来讲是何等不公平，甚至是残酷和可怕。我讲几个吧。

一、女孩没继承娘家家产的资格，虽然在出嫁前家里分地时，她们有份额，但一出嫁，她们在娘家村庄的地就没份了。这种情况常常意味着，一旦离婚，她们就一无所有。如果丈夫去世得早，她们自己甚至包括她们的孩子，常常会被婆家和娘家联合起来剥削，被夺走丈夫留下的房产、田地以及其他财产。这种做法有个非常形象的名字，叫"吃绝户"。

1

二、早些时候，部分落后地区有换亲的习俗。一般是，自己娘家的兄弟条件不好，找媳妇困难，那就找一个类似的家庭，自己嫁给对方家一样难娶到老婆的男人，以换取自己兄弟娶对方家的姐妹的条件。

三、在很多自杀现象中，一直以来有一个特别的现象，就是中国女性的自杀率明显高于男性。要知道，在世界各国中，这是一个几乎独一无二的数据，因为在其他国家都是男性自杀率高于女性。出现这个数据的现象是因为农村女性的自杀率远高于农村男性。

补充一句：这个数据，现在终于改变了。最近的流行病学调查显示，中国人的自杀率在急剧下降，其中女性的自杀率已低于男性。

以上这些现象，可以一直讲下去，洋洋洒洒写上几万字不成问题。

因为重男轻女的落后思想，我们社会中的女性在小的时候，不能掌握自己的命运；长大后如果太急着进入婚姻，又容易被盘剥。当代女性真得应该庆幸自己活在现代的中国，虽然以上类似的现象仍有残留，但很多地方已经大有改善。特别是对于生活在城市文明中的当代女性来说，她们实质上已经拥有了更多的资源和条件，可以掌握自己的命运。

一个人年轻的时候，是掌握命运的最佳时机，所以要慎重对待婚姻，特别是慎重对待生孩子这件事儿。可以好好恋爱，但别忘记提升自己，人格成熟和经济独立非常重要。

男女资源的不平等在我们社会的男男女女心中一样存在着，

甚至成为难以觉知的潜意识，当代女性在掌控自己命运的路上，特别需要去不断认识这些东西。

在这个方面，心理学可以帮到她们。同时，在法律层面上，广大年轻人的法律意识还是比较欠缺，需要更多和更深地普及，特别是普遍处于弱势地位的女性，需要有意识地去学习这些东西。

因此，我特别推荐吴杰臻律师的这本《好的婚姻，要守护财产和爱》。作为长期关注离婚案件的专业律师，他的工作让他看到了社会中更多的真相，以及同样未被大家察觉的"潜意识"。吴律师在法律方面很专业，思维缜密而且具有洞见力，更为难得的是，他的确有一种天然为弱者鼓与呼的情怀。这份洞见让他一直在自己的专业领域内关注着婚姻双方，特别是女性该如何使用法律武器来保护自己，同时让更多的男性关注自己的母亲、妻子、女儿的处境，帮助婚姻双方进入双向安全的范围。

如果你在恋爱和婚姻中有困惑或难题，想掌控自己的命运，吴律师这本书不可不读。

武志红
2019.9

修订说明

　　《中华人民共和国民法典》(本书简称《民法典》)及《最高人民法院关于适用〈中华人民共和国民法典〉婚姻家庭编的解释(一)》[本书简称《民法典婚姻家庭编的解释(一)》]于2021年1月1日实施,在大部分吸收《婚姻法》及相关司法解释的基础上,又作出了一些新的规定。如果不及时对新规涉及的内容进行修订、增补,此书的科普实用性就会打折扣。为此,我在《民法典》实施后就着手修订工作。本书的修订内容和方法大致如下:

　　一、在仅仅涉及法条名称、序号变化时,本书会将《婚姻法》及司法解释相关的法条变更为《民法典》及相关司法解释,并在括号内注明"原《婚姻法》第 × 条"或"原《婚姻法司法解释 ×》第 × 条"。

　　二、在阐释《婚姻法》《民法典》相关规定的历史沿革时,会出现《婚姻法》及其司法解释、《民法典》及其司法解释的内容,并进行比较。

三、涉及法条内容的实质性变化时，我会区分"《民法典》实施前"和"《民法典》实施后"进行讲解。前者继续沿用原版书的内容，后者采用新的解读。原因在于，根据《最高人民法院关于适用〈中华人民共和国民法典〉时间效力的若干规定》，《民法典》实施前发生的法律事实，适用原有的《婚姻法》及其司法解释；《民法典》实施后发生的法律事实，适用《民法典》及其司法解释。当然，如果新的规定更有利于保护公序良俗，则适用《民法典》的规定。因此，本书涉及《民法典》及其司法解释的实质性变化时，仍有必要保留原版书的内容，以满足部分读者的需求。

四、本书修订、增补的内容中涉及实质性变化的地方主要包括：婚姻无效的情形、可撤销婚姻的情形、父母婚后为子女出资买房、夫妻之间的赠与、离婚冷静期、离婚过错赔偿范围、照顾无过错方的财产分割原则、请求撤销离婚协议的期限、离婚家务补偿、年满 8 周岁的子女可决定跟随父或母生活等。

最后，感谢各位读者对这本书的喜爱和大力支持！

吴杰臻

2021.3.8

目　录

第八章　离婚，别怕! / 211

前言　婚姻安全≠算计

我是一名离婚律师，常年在离婚场上厮杀，目睹了离婚百态。正如医生，目睹了生死万状。

当"教人离婚"成为日常工作时，我也难免不断地对婚姻进行思考，希望从他们身上吸取教训，思考如何才能让婚姻更幸福。

然而，这些终究只是个人看法，不能成为普遍的真理。千万人眼里，有千万种幸福。我的幸福，不等于他人的幸福。更何况，如果哪天我从"离婚律师"变为"离婚当事人"，那个曾经的"情感教父"将会永远被钉在耻辱柱上。人们就会不约而同地说："哈！你看！吴律师那个大骗子！"因此，这本书注定不会跟大家讲心灵鸡汤。

那这本书讲什么呢？讲的是婚姻安全！

为什么要讲婚姻安全？

因为，安全的婚姻不一定幸福，但不安全的婚姻大多不幸福。

幸福是一种主观感受，不安全的婚姻会让人产生焦虑。这种焦虑，难免会把美好的幸福感逐步吞噬掉。

当丈夫回家很晚时，没有安全感的妻子会想，他今晚和谁在一起了？她会闻一闻丈夫身上有没有女人的香水味，会偷偷翻看丈夫的衣服口袋，会查看丈夫的手机。最终，她什么都没发现。可是，她会就此罢休吗？她只会想，他收拾得这么干净，心里一定有鬼。于是，她的疑心又加重了。她可能会经常给丈夫打电话，会要求视频通话，或总是借题发挥，莫名发火。

请问，这样的婚姻还能继续吗？

可她又有什么办法呢？结婚5年了，她不知道丈夫赚了多少钱，也不知道这些钱放在哪里，他们也没有买过房子。离婚的话，她可能会一无所有。这种面对离婚的无助感，让她更加担心丈夫出轨。

那丈夫又是怎么想的呢？他会想，他没有出轨啊，怎么把他当贼一样防着？天天都感觉背后有双眼睛在盯着自己。

当婚姻没有一个安全的框架时，类似的事情就会发生。

当然，如果人们并没有意识到婚姻如此危险，相信人性善良，信奉爱情永恒，那么他们就像被打上"思想钢印"一样，认为建立在爱情基础上的婚姻本身就是安全的。他们会说："婚姻如此算计，还不如不结婚。""还没结婚，就想着离婚！有病啊？"总之，他们认为学习婚姻法律会危害婚姻幸福。

不可否认，有时候回避"离婚怎么办"，回避一切婚姻法律知识，他们也许可以活在幸福感中。这种幸福感，也许可以一直持续到离婚或死亡的那一刻。因为在某种意义上，无知，也确实是一种难得的幸福。

然而，互联网资讯如此发达，离婚率年年攀升，离婚大战在身边时有上演，大多数人再也不能活在自己编织的童话里了。

我在微博上发布的《谈婚论嫁时偷偷按揭买房》和《婚姻律师对全体女性的 20 条吐血忠告》两篇文章平平无奇，却引爆了网络成为热搜话题。这两个话题在微博上有 4 亿阅读量，可见人们对婚姻的焦虑是以"亿"为单位的。

因此，大家只有学习婚姻中的法律规则，建立婚姻安全，才能消除或缓解婚姻焦虑。

或许，有人会有疑问，还没结婚，就想着离婚，这怎么行啊？感情好，就不要计较那么多。

在中国文化里，人们对不吉利的东西往往是避而远之，身为离婚律师，我深有体会。我去参加婚礼时，常有人问我是做什么的，我说我是律师。他又接着问我做哪方面的业务，我说专门做离婚案件的。然后，对方就会立即终止聊天，似乎离婚律师就是个扫把星。他们不会换一种想法：啊，吴律师，您做离婚业务的，太好了，我女儿刚好准备结婚买房，想找您咨询下。我的一个粉丝把《婚姻律师对全体女性的 20 条吐血忠告》这篇文章转发给闺密看，闺密居然怪她诅咒自己离婚，并把她拉黑了。

这也太神奇了！

人们做生意都有散伙的思想准备，谈恋爱也有分手的思想准备，奇怪的是结婚却不能有离婚的思想准备。似乎一旦有这种想法，就是罪恶的，内心就会受到谴责。究竟是什么给了人类对爱情永恒、婚姻不变的信心？毫无防备地"进城"，运气好的，白头偕老；运气不好的，被榨干后扔到"城"外。我们中国人对白头偕老的信念，似乎比外国人的宗教信仰还强。

其实，我们可以问问自己，为什么要买保险？难道是冲着死亡去的吗？我们开车时为什么要系安全带，难道是盼着自己出车祸吗？道理很简单，一想就明白。对婚姻来讲也是同样的道理，我们只是想给婚姻上一道保险，而不是为了算计对方。

这也就是为什么我一直鼓励夫妻双方都来听我的财产保护课。以我自己为例，我的太太天天巡视我的微博和微信公众号，她还第一时间听我的课程。我巴不得她天天看，有妻如读者，知己难求。她学会这些后，我们对财产的处置就越有默契，越有安全感。如果我不按课程所说的那样操作，马上就会露馅。她可以说：你是这样教别人的！而我则无以反驳。

当然，如果有心的读者听了我的课程或看了我的书，利用知识信息差去算计对方，另一方必然被动。所以无论你是否知道对方有没有学过，只有自己主动掌握这些知识，才能避免遭受算计。

正如我在微博上说的：20条忠告，条条都在教你自保，没有一条教你害人。有人给婚姻上道保险，有人选择性失明，有人裸装进场。刀给了你，我希望你能拿来自保，而不是拱手交给对方以表忠心——亲爱的，我不会学这些旁门左道来害你。对方呢？你要想一想。

在越来越多的年轻人对婚姻产生怀疑的时候，婚姻法已成为成年人的必修课。人生必不可少的彩礼和嫁妆，不是房子，不是车子，不是金钱，而是一本能通俗、精准地普及婚姻法的书。这正是我写这本书的初衷。

这本书里的内容可能会震撼你。但我要强调，我不是来歌颂美好的，也不是来散播焦虑的。我讲黑暗，是希望你们遇到它的时候，不会束手无策。需要凝视的深渊，我都帮你们看过了。该走的路，你们走好。

吴杰臻，2019.8

第一章
婚姻法的三大隐藏含义

第一节　女性在离婚案中常处于被动

◎ 丈夫出轨，她却被净身出户

2011 年是改变离婚案走势的一年。一些稳赢的官司，瞬间转向败局。注定是有人欢喜，有人悲凉。

在这些离婚案里，男女双方至少有一套婚房写在男方名下，都是在婚后购买的。有些是男方父母出钱买的，有些是夫妻二人赚钱买的。常识告诉我们，这些都是婚后共同财产，写谁的名字无所谓。正是这种该死的常识，为他们的婚姻埋下了地雷。

小芳[1]，就像中国大多数传统女性一样，人生最大的目标是嫁个好人家。她嫁给小刘后，再也不想受餐馆老板的气了，于是干脆辞职，在家做全职太太。当别人住出租屋时，她已经住上了大

---

[1]　如无特别注明，本书涉及的故事均根据法律和常见案例编撰，不涉及特定个人，如有雷同，纯属巧合。

房子，每个月还能拿到1万元生活费。她出门开车，不用挤公交；看到名牌化妆品，也不用一忍再忍，直接刷信用卡买买买。反正到了月底，小刘会帮她还钱。结婚3年，小刘名下已经有了三套房子，只不过全都是他父亲出钱买的。

小芳的闺密对她羡慕至极——嫁了个好人家，有三套房子，人生简直太完美了啊！

好景不长，小芳发现丈夫出轨了，而且出轨的对象还不止一个。离婚，终将要上演。

小芳说："我问过律师了，婚后买的三套房子都是夫妻共同财产。离婚的话，我可以分一半。"

小刘咬牙切齿地骂她："你凭什么分我家的房子？你出过一分钱吗？你赚过一分钱吗？你吃我家的，住我家的，你连儿子都生不出来，你对我们家贡献过什么？是零！是零！"

小芳说得对吗？她真的可以分到房子吗？

她说得没错，她确实可以分到房子。根据《婚姻法司法解释（二）》第二十二条[1]规定，婚后父母出资为子女购房，视为对夫妻双方的赠与。尽管这三套房子都是她丈夫的父亲出钱买的，但都是对他们夫妻俩的赠与，所以属于夫妻共同财产。如无意外，官司打下去，一套半房子唾手可得。

---

1 《最高人民法院关于适用〈中华人民共和国婚姻法〉若干问题的解释（二）》[本书简称《婚姻法司法解释（二）》]第二十二条：当事人结婚前，父母为双方购置房屋出资的，该出资应当认定为对自己子女的个人赠与，但父母明确表示赠与双方的除外。当事人结婚后，父母为双方购置房屋出资的，该出资应当认定为对夫妻双方的赠与，但父母明确表示赠与一方的除外。

偏偏在打官司的过程中,《婚姻法司法解释（三）》[1]出台了。其中第七条规定:

> 婚后由一方父母出资为子女购买的不动产,产权登记在出资人子女名下的,可按照婚姻法第十八条第（三）项的规定,视为只对自己子女一方的赠与,该不动产应认定为夫妻一方的个人财产。

根据这个司法解释,这三套房子由小刘的父亲出资,写在小刘名下,属于小刘的个人财产。小刘只是在父亲厂里打工,每个月领的钱只够夫妻俩花,根本没有积蓄,他名下的车辆又是在婚前买的。因此,小芳将要净身出户!

2011年以后,类似的案例有很多。传统婚嫁模式大多是男方买房子,然而房价一路高涨,常常要动用三代人的积蓄。一旦子女离婚,三代人的积蓄立刻被腰斩。此时,《婚姻法司法解释（三）》应运而生,旨在消灭依附型婚姻,把女性从家庭中解放出来。

在这个美好愿景里,出资方家庭自然可以松一口气。甚至,有一种声音说:人家父母的钱也不是大风刮来的,凭什么离个婚就被分走一半?不劳而获,离婚致富,这岂不成了穷人对富人的合法打劫?

从长远发展来看,鼓励女性从家庭中解放出来是具有积极意

1　指《最高人民法院关于适用〈中华人民共和国婚姻法〉若干问题的解释（三）》[本书简称《婚姻法司法解释（三）》]。

义的，不过对一些已经当了几年甚至十几年家庭主妇的女性来讲，这是一种对婚姻安全感的挑战。她们当初甘愿当家庭主妇，是因为她们觉得即使离婚了也能得到一半财产。如今她们听到了另一种声音：男方父母买的房子跟你们无关，你们要自己买房，你们要出去找工作，你们不能窝在家里！

10 年没工作的女性，现在要出去工作，毫无疑问，她们将面临十分残酷的就业竞争。这是不是太残酷了？

如果结婚之前，她们就能未雨绸缪，恐怕一定会要求在产权证上加上自己的名字吧？又或者，她们根本不会选择跟这些"好吃懒做还啃老"的"小刘"结婚吧？

2011 年，女性在离婚案中陷入了被动，是因为新司法解释来得太迅猛，把那些沉迷于依附型婚姻的女性打击得措手不及。如果将来"进城"的女性不吸取教训，那就真的要吃哑巴亏了。

经历了近 10 年的实践，似乎又发生了新的变化。我们在 2021 年 1 月 1 日迎来的《民法典婚姻家庭编的解释（一）》，并没有采纳《婚姻法司法解释（三）》第七条。对此，我将在第三章第七节中详细解读。这是《民法典》带来的最核心变化之一。

🔗 职场女性回归家庭后的离婚困境

也许，很多人会说，主动走进依附型婚姻是自掘坟墓，不值得同情。然而，我们不得不思考另外一个群体——由于传统育儿分工等因素，不得不成为家庭主妇的职业女性。她们成为家庭主妇后，面对《婚姻法司法解释（三）》却陷入了两难境地。

小丽，"985"院校本科毕业，在一家外资企业工作，工作 4

年就升到了销售部中层，年收入近 30 万元。当她怀孕后，就再也没法像以前那样拼搏了。由于销售业绩上不去，所以收入锐减。孩子出生后，她事无巨细地亲自照顾。尽管孩子的爷爷奶奶也会帮忙照顾小孩，但因为育儿理念的差异，她不放心丢下小孩回归销售事业。

此时，丈夫主动提出让父母买一套房子作为保障，好让她安心在家照顾小孩。当然，这套房屋的产权证上只写了丈夫一个人的名字。小丽虽隐约感觉不妥，但大家都说婚后的房子写谁的名字都一样，都是夫妻共同财产。既然如此，何必计较，于是这事也就这样了。

一眨眼，4 年过去了。丈夫出轨了一位女同事，毫无意外，故事并无新意，离婚势在必行。

律师告诉她，那套房子是男方的个人财产。

晴天霹雳！不是说婚后买的房子都是夫妻共同财产吗？这 4 年难道就这样白白付出了吗？她不甘心。

可不甘心又能如何？法律就是法律。倘若离婚，她将面临：

1. 什么财产都分不到；

2. 法院很可能不支持精神损害赔偿，即使有也只是可怜的两三万元；

3. 离婚后，可能找不到好的工作。

如果当初小丽不辞职，继续拼搏 4 年，可能已经成为销售总监，4 年的年薪可以让她独自买一套房子，还能积累丰富的社会资源。无论婚姻出现什么变故，小丽都会没有后顾之忧。

幸好，她趁丈夫还有一丝内疚时，让丈夫写了一份承诺书，承诺女方有权和儿子一直居住在这套房子里，直至女方再婚。

正因为这份承诺书，她丈夫在调解时花了100万元人民币买断了这个房子的居住权。如此一来，小丽便有了钱，为自己购入一套产权干净的房子。

然而，很多职场女性回归家庭后，在离婚时并没有像她这样"幸运"。

同样是企业高管的曹姐，辞职在家做家庭主妇9年。离婚时，她丈夫所有的股权均通过别人代持，没有一分钱进入她丈夫的账户。

没钱交诉讼费，没钱交律师费，叫天天不应，叫地地不灵。

为了家庭而牺牲了事业，最后却连家庭也没了。这就是某些职场女性成为家庭主妇后的真实写照。

2011年《婚姻法司法解释（三）》的出台，虽然引起了一些家庭的阵痛，但进行了一场非常彻底的婚姻家庭理念的变革。活在当下的我们，无论如何都要懂得它、顺应它、运用它。否则，你可能就是下一个故事的主角。

第二节　强化私有财产的隔离

强化私有财产的隔离，是婚姻法的第一条隐藏含义。它告诉我们，直接通过结婚获得财富的可能性变得越来越小。夫妻的共同财富，只能在婚后创造。

💍 婚前财产不因婚龄变共有

时至今日，坊间仍在流传：结婚 8 年，婚前的财产就会变成夫妻共同财产了。个别来访者对此坚信不疑。当我说该规定早已过时时，他们一脸狐疑。或许，他们甚至在心里嘀咕：你这位律师究竟专不专业？

他们产生这种误解，并非空穴来风。

1993 年，最高人民法院出台的《关于人民法院审理离婚案件处理财产分割问题的若干具体意见》第六条规定：

一方婚前个人所有的财产，婚后由双方共同使用、经营、管理的，房屋和其他价值较大的生产资料经过 8 年，贵重的生活资料经过 4 年，可视为夫妻共同财产。

这个司法解释在 2021 年 1 月 1 日之前尚未被正式废止，部分规定仍然有效。只是，这一条规定早已跟现行婚姻法相悖，在实践中已寿终正寝。

2001 年修正的《婚姻法》第十八条规定：

有下列情形之一的，为夫妻一方的财产：（一）一方的婚前财产；（二）一方因身体受到伤害获得的医疗费、残疾人生活补助费等费用；（三）遗嘱或赠与合同中确定只归夫或妻一方的财产；（四）一方专用的生活用品；（五）其他应当归一方的财产。

这里面第（一）项就明确指出"一方的婚前财产"是个人财产。

而这些婚前财产是否会因为婚龄增加而转为共同财产，《婚姻法司法解释（一）》[1] 第十九条给出了明确答案：

婚姻法第十八条规定为夫妻一方所有的财产，不因

1　指《最高人民法院关于适用〈中华人民共和国婚姻法〉若干问题的解释（一）》[本书简称《婚姻法司法解释（一）》]。

婚姻关系的延续而转化为夫妻共同财产。但当事人另有约定的除外。

由此引申出另外两条规则:

1. 婚前个人财产在婚后发生形态变化不导致所有权发生变化。[1]
2. 婚前个人财产在婚后的自然增值,也属于个人财产。[2]

有个案件里,男方结婚前就有一笔 30 万元人民币的存款和一套房屋,为了婚后便于照顾生病的父母,他把婚前房屋卖了,用售房款和 30 万元人民币存款买了另外一套房屋。后面这套房屋虽然是在婚后购买的,但资金来源于婚前个人财产,只是形态上发生了变化,所以仍然是男方的个人财产。

也许,有读者会疑惑,婚前房子在结婚后就涨价了,为何这些婚后收益不是夫妻双方共同的财产?因为房屋的涨价是自然增

1　中华人民共和国最高人民法院民事审判第一庭认为,当事人以生产、经营之外的其他方式使用自己的婚前个人财产,即使该财产的形式因此发生了变化,不导致上述财产所有权及其自然增值归属的变化。载于《民事审判指导与参考》2013 年第 1 期(总第 53 辑),人民法院出版社,2013 年 7 月第 1 版。

2　《婚姻法司法解释(三)》第五条规定:"夫妻一方个人财产在婚后产生的收益,除孳息和自然增值外,应认定为夫妻共同财产。"《民法典婚姻家庭编的解释(一)》第二十六条采用同样的表述。

值，而不是附加了婚后的劳动创造。

《婚姻法》反对"不劳而获"，显而易见。

以上均为《民法典》实施之前的法律规定，2021年1月1日实施的《民法典婚姻家庭编的解释（一）》第三十一条作出同样的规定："民法典第一千零六十三条规定为夫妻一方的个人财产，不因婚姻关系的延续而转化为夫妻共同财产。但当事人另有约定的除外。"

◯◯ 隔离婚前个人按揭房

以前，我们判断房屋是不是共同财产，往往只需看房产证出来的时间。在婚前出来的，是个人财产；在婚后出来的，是共同财产。

有一种房子非常微妙，发生在谈婚论嫁的时候，这套房子被称为婚房，是新婚夫妻的爱巢。这个时候，大家去按揭买房，房产证往往在结婚后才能拿到。按照中国的婚嫁传统，男方买房子，女方装修或买车。大家都会把这套房子视为共同的。那么，房产证是婚后出的，房子是共同的，那银行贷款怎么办？这是新郎一个人婚前向银行借的，新娘不用偿还吧？事实上，每一对夫妻都会用到婚后的共同收入来偿还。在法律上，因贷款用于购置共同生活之用的婚房，离婚时会成为共同债务。

现在"新婚姻法"告诉你，这套婚前按揭房是个人的，离婚时只需要向对方补偿一笔钱——婚后共同还贷款及对应增值的一半。[1]

如果婚后没有动用共同存款去还贷呢？对不起，一分钱都不用补偿。

◎ 隔离婚前父母为子女买房

当了解第二点规则后，我们知道，对方以自己的名义在婚前按揭买的房是个人财产。那么，有人会说，那就以双方名义买房啊，这样是不是就可以把个人财产变为共同财产呢？

当然，如果事情顺利的话，这套房子是共同财产，按揭款也应共同承担。然而，如今房价高涨，普通家庭要动用三代的积蓄方能凑够首付。刚结婚的年轻人，哪来的钱付首付呢？十有八九也是父母给的。

此时，婚姻法又是如何成功隔离掉父母的财产的呢？

《民法典婚姻家庭编的解释（一）》第二十九条第一款〔原《婚姻法司法解释（二）》第二十二条第一款〕规定：

> 当事人结婚前，父母为双方购置房屋出资的，该出

---

1 《婚姻法司法解释（三）》第十条规定："夫妻一方婚前签订不动产买卖合同，以个人财产支付首付款并在银行贷款，婚后用夫妻共同财产还贷，不动产登记于首付款支付方名下的，离婚时该不动产由双方协议处理。依前款规定不能达成协议的，人民法院可以判决该不动产归产权登记一方，尚未归还的贷款为产权登记一方的个人债务。双方婚后共同还贷支付的款项及其相对应财产增值部分，离婚时应根据婚姻法第三十九条第一款规定的原则，由产权登记一方对另一方进行补偿。"《民法典婚姻家庭编的解释（一）》第七十八条采用同样的表述。

资应当认定为对自己子女的个人赠与，但父母明确表示赠与双方的除外。

这笔首付款是对自己子女的个人赠与，对应的房屋份额自然也应是个人的。

假设一套房子价值 300 万元，首付 90 万元，按揭 210 万元，男方父母出 90 万元首付。房屋 30% 的份额是男方个人的，70% 的份额是共同的，而 210 万元债务是共同的。这也只是意味着女方可以享受到房屋 35% 的增值，因为他们要实打实地共同承担 210 万元债务。男方父母出的 90 万元首付及对应的增值完全被隔离掉了。

⚭ 隔离婚后父母为子女买房

当了解第三点规则后，有些人就会感叹，与其婚前买房，不如婚后买房。因为《婚姻法司法解释（二）》第二十二条还规定："当事人结婚后，父母为双方购置房屋出资的，该出资应当认定为对夫妻双方的赠与，但父母明确表示赠与一方的除外。"让对方父母在婚后买房，不就变成赠与双方了吗？

哪里有漏洞，哪里就有可能被补上。抱着侥幸心理的人，最终还是会被"摆了一道"。

2011 年出台的《婚姻法司法解释（三）》第七条规定：

婚后由一方父母出资为子女购买的不动产，产权登记在出资人子女名下的，可按照婚姻法第十八条第（三）

项的规定，视为只对自己子女一方的赠与，该不动产应
认定为夫妻一方的个人财产。

　　假设结婚之后，男方父母出 300 万元买了一套房屋，只写了
男方一个人的名字。这就视为对男方的个人赠与，是男方的个人
财产，与女方没有任何关系。

　　至此，婚前私有财产已被婚姻法成功隔离。结婚要房子，只
能开口要。可是，如果开口要房子，恐怕婚也难结了。

　　暗地里嫁给房子的时代一去不复返。

　　让人非常意外的是，《民法典婚姻家庭编的解释（一）》并没
有继续采纳《婚姻法司法解释（三）》第七条的规定。似乎暗地里
嫁给房子的时代又可以稍加期待了。

　　为什么说只能稍加期待，而不是强烈期待呢？一方面，经过
《婚姻法司法解释（三）》的教育，不少家庭已经意识到财产隔离
的重要性，会利用《民法典》给予的空间，主动地隔离财产；另
一方面，《民法典婚姻家庭编的解释（一）》虽然没有继续采纳原
有规定，但不排除后续司法解释进行技术性调整。

第三节　婚姻中的剩余价值

婚姻中也会产生剩余价值，只是被共同财产制所掩盖。这是婚姻法隐藏的第二条含义。

💍 剩余价值的秘密

在工作中，我接触了大量男性和女性来访者，两个群体的诉求有明显差别。男性来访者很少要求对方净身出户，而相当多的女性来访者希望对方净身出户或自己分到更多财产。

也许人们会说，那肯定是男性出轨多，他们才不好意思提，女性才会要求对方净身出户。然而，有趣的是，在女性出轨的情况下，男性也很少提出让对方净身出户的诉求。

这个疑问一直困扰着我。带着这个疑问，我又注意到女性在离婚时总是会提到她们对家庭的无偿付出。

婚姻法不承认家务劳动的价值吗？这也是网络上大量女性的

声音——没错！法律就是不承认家务劳动的价值。

但这种说法很容易就遭到反击了。丈夫虽然没有给妻子发工资，但他赚的钱是夫妻共同所有，一人一半啊。这只是夫妻分工不同，各司其职，产生的家庭收益不分你我。夫妻共同财产制，就是对家务劳动价值最大的承认。怎么就说法律不承认了呢？

他们甚至搬出法条。

《婚姻法》第四十条规定：

> 夫妻书面约定婚姻关系存续期间所得的财产归各自所有，一方因抚育子女、照料老人、协助另一方工作等付出较多义务的，离婚时有权向另一方请求补偿，另一方应当予以补偿。

你们看，即使双方约定了财产 AA 制，从事家务劳动的一方无法获得对方创造的财富，在离婚的时候也可以要求补偿！不管怎样，家务劳动的价值还是被充分认可的！

这个反驳直击要害，难以辩驳。

那么多女性客户嚷着要丈夫净身出户，我自然也要敲醒她们：打仗都拿不到的东西，你想在谈判桌上争取到？别做梦了！同时，我也不自觉地将自己代入离婚的角色中。我想，换作我的话，我会不会净身出户？恰巧，好几位律师同行在离婚时都是净身出户。其中一位已经结了三次婚，两次净身出户。他们离婚后没几年就恢复元气，业绩仍然蒸蒸日上。

此时，我意识到离婚时净身出户不会令律师伤筋动骨，相反，陷入无休止的离婚诉讼中才会损失惨重。律师是靠技能、口碑吃饭的，而且越老越吃香。年轻时花 5 年积累的财富，可能比不上后续 2 年积累的多。净身出户又如何？马上就赚回来了。

此时，我终于发现有一样东西是对方绝对分不走的，那就是自身的无形资产——可实现财富、地位、名声等元素的自身价值。

婚姻里的个人要取得这样的无形资产，并不仅仅依赖自身的努力，还需要依赖配偶在家庭劳务中的付出。正因为配偶承担了大量的家庭劳务，才能让另一方从家庭中解放出来，将更多的时间和精力投入事业中。正如前述案例中的小丽，原本是外企销售部门的中层管理人员，年收入 30 万元人民币。她回归家庭做了全职太太后，丧偶式的育儿不仅让她损失了职业发展的黄金 4 年，也让自己的职业能力停滞不前。而正是小丽的这些付出才让对方没有了后顾之忧，成就了一番事业。然而离婚时，对方的无形资产原本有她的功劳，却被对方无偿独占了。

至此，婚姻中剩余价值的概念也就呼之欲出了。

产业中，资本家主要通过强迫工人延长劳动时间的方法来赚取利润。[1]

婚姻中，一方主要通过强迫另一方延长家务劳动时间的方法来赚取无形资产。

产业中的剩余价值本来是工人劳动的产物，应归工人所有，却被资本家凭借对企业的所有权无偿独占，这就是资本家剥削工人发财致富的秘密。[2]

婚姻中的剩余价值本来含有一部分夫妻的共同付出，但在离

1　参见马克思在《资本论》中的论述。

2　同上。

婚后被不从事家务的一方无偿独占了，这就是一方剥削另一方而获取无形资产的秘密。

这才是法律并未完全承认家务劳动价值的证据。

这也是为何女性离婚时往往要求对方净身出户的原因之一。

一方面，不从事家务劳动的一方无偿独占了这部分剩余价值，有能力持续创造财富；另一方面，从事家务劳动的一方，尤其是家庭主妇，离婚后没有创造财富的能力，就指望着眼前的财产过日子，自然要求对方净身出户了。

婚姻中的剩余价值无处不在，只是职业不同、发展程度不同罢了。如果男性专职从事家务劳动，女性全身心投入事业中，剩余价值同样会被女性独占。剩余价值，针对的是家庭分工，而非性别。

⚭ 剩余价值的成因

剩余价值的成因有两个：一是"男主外，女主内"的传统家庭分工文化；二是离婚时没有家务补偿。

法律强调男女平等、同工同酬，而《婚姻法司法解释（三）》的价值内核更是希望女性走向经济独立，实现从家庭到职场的蜕变。法律并没有强迫夫妻一方必须承担更多的家务劳动。女性多是从事家务劳动的一方是上千年来封建社会"男主外，女主内"的文化惯性导致的。这不仅与现代男女平等的价值观相悖，而且与我国法律所倡导的价值观冲突。

在这种传统文化惯性下，一部分女性甘愿全职从事家务，并坐享丈夫所创造的财富；另一部分女性虽仍在职场，但丈夫及其长辈仍沉醉于这种封建文化思想中，仍在家做甩手掌柜。丧偶式育儿已经把职场女性压得喘不过气来，因家务分担不均而引发的离婚案也不少。这又往往被归结为"因生活琐事"而离婚。当然，随着男女平等的理念逐步深入人心，也有不少男性开始分担家务、共同育儿。这应该是喜闻乐见的，也是现代男性的榜样。

离婚时没有家务补偿，导致了这种生育和家务付出得不到充分的补偿，剩余价值归一方所有也就成了必然结果。同样是夫妻财产共有制的法国，则有"离婚家务补偿"[1]的规定。虽然其理论基础不是剩余价值，目的是缩小离婚导致的夫妻双方生活条件的差异，却起到了一定的平衡剩余价值的作用。

自2021年1月1日起，我国《民法典》[2]实施后，不管夫妻采用"分别财产制"还是"共同财产制"，长期从事家务的一方终于可以在离婚时要求家务补偿了。最高人民法院在其官方解读文件中明确承认家务劳动凝结了具体劳动和抽象劳动，因而它应该是有价值的。负担较多家庭义务的一方压缩自我发展的空间，付出了个人工作选择、收入能力等方面的成本机会。另一方因此获得的有形财产利益、无形财产利益及可期待的财产利益，均应纳入经济补偿数额的计算范畴。[3]

然而，根据我们团队律师龙中美的调研统计，目前我国法院

1　见《法国民法典》第二百七十条至第二百八十条。

2　《中华人民共和国民法典》第一千零八十八条规定：夫妻一方因抚育子女、照料老年人、协助另一方工作等负担较多义务的，离婚时有权向另一方请求补偿，另一方应当给予补偿。具体办法由双方协议；协议不成的，由人民法院判决。

3　《中华人民共和国民法典婚姻家庭编继承编理解与适用》第313—316页，人民法院出版社，2020年7月第1版。

判决的家务补偿金额相对保守。其随机抽选了 172 例裁判文书，其中只有 53 个案例支持家务补偿。扣除掉双方离婚协议约定较高补偿的 4 个案例外，大多数判决数额为 5000 元至 50000 元。

可以预见，要建立公平合理的家务补偿制度，仍需长期的实践与论证。

如果我国《民法典》能够建立一套完善的离婚家务补偿制度，也许能缓和因生育和家务付出不公而带来的诸多矛盾。无论夫妻间采用何种家庭分工，在离婚时长期进行家务劳动的一方都能得到法律保障。

⚭ 剩余价值的破解

笔者提出剩余价值的概念，并非要挑唆男女关系，而是希望男女双方都能深刻地认识到：让一方承担全部或主要家务，实际上是让美好的婚姻变成一场隐形剥削。这种夫妻关系，最终伤害的是婚姻里的每一个人。

阿慧就是一个典型的例子。结婚前，她和丈夫都从事课外培训行业，但各自的资源不在同一城市。由于感情需求，阿慧接受了异地恋并最终结婚了。

她一直都坚持等事业走上正轨后再生孩子，但丈夫却因为家里的压力急着生。在此期间，阿慧发现自己意外怀孕了。她想打胎，但医生说打胎可能会导致她失去生育能力，这让她很纠结。如果把孩子生下来，就要到丈夫的城市生活育儿，事业很难从头再来。实际上，很多夫妻关系中出现的问题，远比这个例子复杂、揪心。

传统的中国家庭文化，要求女性回归家庭，男性在外拼搏事业，形成依附型婚姻。现代婚姻制度要求男女平等，都要靠自己的努力创造财富，杜绝依附型婚姻、敛财型婚姻。这必然把女性从家庭拉到社会竞争之中。如今，很多都市女性早已意识到了这一点，而部分男性还未转变意识。他们要求职场女性不仅要赚钱，还要顾家。最终，职场女性就在现代婚姻制度和传统家庭文化的夹缝中生存，迟迟不敢步入婚姻，又或者被压垮后选择逃出婚姻这座围城。

见过了那么多离婚案，我认为平等健康的夫妻关系应该是：

对外，鼓励双方都充分参与社会竞争，实现自身的社会价值。这种社会价值，不仅会带来社会地位、权力、金钱等附属品，还会带来自我认可和外部认可，满足内在的精神追求。

对内，应鼓励双方分担家务，共同育儿。这样双方才会更加体谅彼此，才会容易产生共情，关系才能持久。

目前，我们社会中的一部分夫妻却不是这样。丈夫在外面累死累活，将微薄的收入还了房贷后，是没法请保姆的。不工作的妻子，会对丈夫有诸多不满，甚至拿别人的丈夫来比较。诸如，你整天在外面忙，也不做家务，也没见你赚钱。看看邻居家的谁谁谁，多有本事。这就导致丈夫想逃离家里，假装在加班，实际上是在打游戏、在打麻将、在胡吃海塞。

丈夫呢？没参与家务，也没法理解妻子育儿之不易，回到家做甩手掌柜，甚至"诈尸式育儿"，抱怨妻子做得不够好，觉得妻子靠他养着，还不好好伺候他全家。一百件类似的生活琐事，终会把妻子压垮。

这种家庭分工是互害型的。

剩余价值产生的内因是夫妻一方承担了过多的家务劳动。消除剩余价值最好的办法是夫妻双方分担家务、共同育儿。在客观条件允许的情况下，可以请钟点工分担家务，释放出夫妻的时间，以便投入自己的事业中。

当家政行业发达了，家务劳动市场价格也就趋于稳定，家庭分工就会转化为社会分工，这能帮助更多的人正确认识自己的价值。究竟给他人当保姆，还是在自己家当"保姆"，还是从事其他社会分工，自有理性判断。

第四节　脆弱的共同财产制

夫妻共同财产制，意味着婚后收入是共同的，却因为有限的财产知情权而变得无比脆弱。这是婚姻法隐藏的第三条含义。

⊘ 不能以名查房

一对夫妻在婚后存了 200 万元人民币，这无疑是共同存款。任何一方用这笔钱买的房子，也是共同房产。这很简单，是常识。然而，现实操作又往往会扇我们一记耳光。

这 200 万元存在男方的账户里，他偷偷地在某个小城市买了套住宅。后来，女方发现存款几乎没有了。她问那 200 万元哪儿去了。男方说在某城市买了套房子。几年后，他们闹离婚。女方要分割那套房子，但法院需要她提供房产登记资料。她兴冲冲地跑到房管局，提供丈夫的名字和身份证号，要查询他名下的房产。但房管局说，需要提供房产证号码或房产地址才可以查。此时，她就很被动，如果她拿不到这套房屋的准确地址，就查不到房产资料。如果她没有线索，就申请法院派人到房管局调查，也很难有结果。总之，主动权不在自己手里。

这其中的奥秘就是"以名查房"和"以房查房"了。

所谓"以名查房"[1]，是指向房管局提供名字和身份证号码，即可查询到其名下的所有房产。与之相对应的是"以房查房"[2]，即提供特定、准确的房屋地址或房产证号或不动产单元号，方可查询该套房屋的信息。

这两种查询方式规定在《不动产登记资料查询暂行办法》里，只有房屋的名义所有权人才可以"以名查房"。例如，我们拿自己的身份证到房管局的自助查询机或窗口，查询自己名下的所有房产。

而配偶作为利害关系人，需要提供房屋地址或房产证号或不动产单元号，才可以查。这里的不动产单元号，并不是日常用语中的"503"之类的房号，而是每个不动产都有一个唯一的单元号，比居民身份证号还长。如果连房屋地址都记不住，绝无可能记得住这个单元号。

---

1 《不动产登记资料查询暂行办法》第十五条：不动产权利人可以申请以下列索引信息查询不动产登记资料，但法律法规另有规定的除外：（一）权利人的姓名或者名称、公民身份号码或者统一社会信用代码等特定主体身份信息；（二）不动产具体坐落位置信息；（三）不动产权属证书号；（四）不动产单元号。

2 《不动产登记资料查询暂行办法》第二十四条：不动产的利害关系人可以申请以下列索引信息查询不动产登记资料：（一）不动产具体坐落位置；（二）不动产权属证书号；（三）不动产单元号。每份申请书只能申请查询一个不动产登记单元。

目前，不动产登记尚未全国联网，即使法院愿意取证，也无法到每一个城市给当事人排查。以广州市为例，在中心六区的房管局就查不到广州郊区花都、增城、从化的房子信息。

为了保障配偶的财产知情权，在各方努力下，"以名查房"的权利最终被收入 2010 年的《广州市妇女权益保障规定》[1] 里，并通过2014年的《广州市房地产登记资料查询办法》[2] 落实到位。夫妻一方只需要出示本人的户口本、身份证和结婚证即可查到配偶在广州辖区内名下的房产。尽管广州市规划和自然资源局根据《不动产登记资料查询暂行办法》在 2019 年制定了新的查询办法，但在实务中夫妻一方依然可以凭"三证"查询配偶名下的房产。

广州地区实施夫妻间"以名查房"只是全国个例，其他大多数城市的夫妻就没有这种福利了。

---

1 《广州市妇女权益保障规定》第二十三条：夫妻一方持身份证、户口本和结婚证等证明夫妻关系的有效证件，可以向工商行政管理部门、房地产行政管理部门、车辆管理部门等机构申请查询另一方的财产状况，有关行政管理部门或者单位应当受理，并且为其出具相应的书面材料。离婚诉讼期间，夫妻一方因客观原因不能自行收集夫妻共有财产证据的，可以向人民法院申请调查收集。

2 《广州市房地产登记资料查询办法》第六条：自然人、法人和其他组织凭其身份证明原件，可查询房地产的自然状况及查封、抵押等权利限制情况。房地产所有权人配偶凭其身份证明、户口本和结婚证等夫妻关系有效证明材料原件，可查询相关房地产登记结果信息。

◎ 不能以名查账号

"以名查账号"比起"以房查房"就更不方便了。毕竟房子是大宗资产，不是每个家庭都可以随便全款买一套。只要涉及按揭，配偶就必须到场签字。配偶也就对这套房子的信息有所了解、有所控制了。

假如丈夫在外做生意，是家庭经济的主要来源。妻子并不知道丈夫赚了多少钱，也没留意他有哪些银行卡。有一天，她发现丈夫有情人，于是就闹离婚。此时，她才想起来要分丈夫的存款。

她不向法院提供具体的银行账号，法院就不会去调取流水。没有流水，就分不到存款。

这非常不公平！

作为律师的我们也纳闷，还有法院查不到的账号？但在实务中就是这样的，法官说没有账户，他们去了银行也会被拒。这可能跟银行的司法查询系统有关，需要在系统里输入账号。

在实务中，有些法院会开律师调查令给我们，上面没有明确查某个具体账户，而是被告名下的账户及流水。此时，银行柜台可以先查出被告名下的账户，然后再通过司法查询系统逐个查流水。

当我们掌握了对方大量账户，并成功地调取其流水后，对方却没法提供我方当事人任何一个账户。此时，对方往往也会宣称要男女平等，骂我方当事人藏着很多账号，要求一起去中国人民银行查询双方名下的账户。而我方只需要回应：原告有多少账号和存款，举证责任在被告。我方早已申报了相应财产，不同意一起去查询账户。对方会转而向法官继续请求，得到否定性答复后，其顿时垂头丧气。这种打击，确实让人绝望。

一方控制大量存款的离婚案，非常典型、非常可怕。配偶若不在平常多加留心，离婚时多半损失惨重。

☺ 查银行流水有限制

当你平常小心翼翼地把对方的银行卡收集起来，以为万无一失时，现实又要抽你耳光了。

按常理，法院应该把双方从结婚到现在的流水调出来，才能知道有没有转移财产。但这并未在司法实践中形成共识。

以某地区法院为例，原则上考虑从三个时间点开始调流水：

1. 起诉离婚前 1 年；

2. 感情不和分居时至今；

3. 感情恶化时至今。

想利用第 2、3 点，需要提供相应的证据。比如，从什么时候开始谈离婚的。如果什么证据都没有，或者证据不充分，法院就只从起诉离婚前 1 年开始调取。

在每一个案件里，我们都会积极地跟法官沟通，要求从再往前的时间点开始调流水。理由是如果他买了 2—3 年的理财、基金及办了 2—3 年的定期存款，现在尚未到期，若只调取 1 年的流水，我们根本看不出来。

此时，法官可能会说："你们有什么证据？没有证据，我们只能这样处理。"

曾经有一个案件，对方在 1 年前买了 250 万元人民币的定期理财。法院只调取 1 年的流水，根本没有这笔理财的购买记录，而存款余额只有几千块。幸亏，我方当事人曾给那笔理财拍了照片，不然，她根本分不到这笔钱。

这可是 250 万元啊，不是 250 元！

如果丈夫 3 年前给第三者转账 200 万元买房，而法院也只调取了 1 年的流水，则妻子根本无法追回这 200 万元，也没法要求丈夫赔偿。

此时，如果法院还要妻子提供证据，那恐怕真的强人所难了。有没有转移、隐匿存款，把流水全调取出来，不就一清二楚了。若不调取出来，哪里会知道有还是没有呢？

当然，我们在一些地方办案，有些法官也会允许调取婚姻关系存续期间所有的流水，但这种情况少之又少。

房子是中国家庭的主要资产，银行账号是家庭资产转化的源头和线索。配偶不能在离婚时以名查询，不能查婚姻全区间流水，另一方就可以在转移、隐匿财产上肆意妄为。离婚时，财产在谁手上，大概率就是谁的。在婚姻里，谁负责赚钱，谁就有控制财产的主动权。

婚姻法的三大隐藏含义思维导图

```
                              婚前财产不因 ───┬─── 结婚8年，权属不变
                           ┌─ 婚龄变共有      ├─── 形态转化，权属不变
                           │                  └─── 自然增值，权属不变
               强化私有     │
               财产的隔离 ──┼─ 婚前个人按揭房 ──┬── 补偿婚后共同还贷及对应增值一半
                           │                   └── 无共同还贷，则无补偿
                           ├─ 婚前父母出资买房 ── 视为对自己子女的赠与
                           └─ 婚后父母出资买房 ── 写自己子女的名字，视为对自己子女的
                                                   赠与 ──《民法典》未保留该规定

                           ┌─ 无须分割的无形资产
   三大                     │                     ┌── 一方长期从事家务劳动
   隐藏       婚姻中的       │                     ├── 另一方从事社会劳动
   含义 ──── 剩余价值 ──────┼─ 成因 ─────────────┤
                           │                     └── 离婚时无赡养费
                           │                     ┌── 共同承担家务
                           └─ 消除方法 ──────────┼── 家政分担家务
                                                 └── 离婚家务补偿

                           ┌─ 不能以名查房
               脆弱的共同   │─ 不能以名查账户
               财产制 ──────┤                      ┌── 离婚前1年
                           └─ 不能查全区间流水 ────┼── 分居之日起
                                                   └── 感情明显恶化之日起
```

029

第五节　重塑婚姻安全

⚭ 什么是婚姻安全

当我们谈论婚姻安全时，往往会说到安全感。安全感是一种强大的力量，当一方全身散发出这样的魅力时，另一方会相信与他相处是安全的，此谓之信赖。

有位读者曾经问我：吴律师，在男女交往中，你认为女人对男人的最高评价是什么？

我回答她：这应该是你们女人回答的问题。

她跟我描述了一个场景：在一个陌生的地方，与丈夫在人群中走散，她心里也不着急，能够很平静地等着，而且相信他一定会找过来。

这应该就是安全感带来的信赖。

朋友托我给她介绍优质男性，我翻开微信找了一位律师同行。她看了一眼照片说："我才不要这种，长得像花花公子，一点都不安全。"

因此，我们在婚嫁群体里经常听到一种声音：找个老实人嫁了。言下之意，老实人不会花心、不会害人，有安全感。

当有人在婚姻里没有安全感时，就常问自己：对方还爱我吗？对方会出轨吗？对方此时在做什么？对方骗我了吗？对方不爱我了，我该怎么办？于是，此人就常常翻对方的衣服口袋，随时要求视频聊天，甚至在家里放置录音设备。

此时的安全感依赖于对方的品质和双方的感情。彼此相爱，所以相信对方不会害自己；因为对方的品质，相信即使分开对方也不会害自己。

如果仅就个人品质和感情谈婚姻安全，那就成无稽之谈、空中楼阁了。世界上最不可控的就是感情，最不可知的就是人心。当初爱得死去活来，如今撕得你死我活，这种戏码随时都在上演。

举个例子：男方在平淡的婚姻中，遇到了女方，两人一见如故。男方为此离婚，把所有财产给了前妻，并与女方结婚。可惜这段姻缘并不比前段婚姻更幸福。多年以后，男方发现女方多次出轨。女方说："这些年咱们交流越来越少，彼此之心越来越远。这种没有交流的婚姻，生不如死。正如当年你遇到我，如今我也遇到了别人。"他们没有离婚，但女方出轨一次，男方就性暴力一次。女方再也忍受不了了，她要离婚。他却逼女方签净身出户协议。女方不就范，他就弄得街知巷闻。虽最终也未能如愿，却传遍了孩子就读的整个学校，导致他们俩的孩子不得不转校。

男方当初净身出户，也验证了其个人品质让他在分开时不会祸害对方。而男方在第二段婚姻中感觉到背叛，却不肯离婚，大概是因为他为这段婚姻付出的代价是净身出户，只能说明他还爱着女方。然而，他越来越觉得屈辱，就不断使用暴力控制对方。当女方决心离婚时，他又想方设法让其净身出户，最终鱼死网破。感情的背叛，也会影响一个人的品质。

不可否认，深厚的夫妻感情是建立婚姻安全最简单的方式。然而，从结果反推，又是另外一种景象。没有了爱，又为何不加害？更何况大多数离婚，带来的是难忘的恨。因此，通过感情建立的婚姻安全，是最盲目、最不可控的。

相信单凭感情带来婚姻安全，本质上是"爱情统治论""感情万能论"。这个逻辑的前提是感情不变、爱情永恒。显然，单凭感情无法带来婚姻安全。因此，婚姻安全应有更多的元素，才有现实意义。

在我看来，婚姻安全至少包括三个元素。

婚姻安全的元素

婚姻安全 ─┬─ 感情安全
         ├─ 财产安全
         └─ 人身安全

针对感情而谈的安全，是无稽之谈。因为感情不可控，身体是对方的，不管怎么去控制，都控制不住。越要控制，就越失控。婚姻自由，既意味着结婚自由，也意味着离婚自由。如果感情彻底破裂，无法挽回，即使一方十万个不情愿，法院也得判决离婚。

真正可以落地和有必要进行控制的，只有两个——人身安全和财产安全。只有这两个才看得见、摸得着。只要有了这两个安全元素，你自然就有安全感。毕竟谁离开谁都能继续活下去，但被打断腿、净身出户、被负债，就活得艰难了。

◌ 让感情的代价可以承受

婚姻安全，分为单向安全和双向安全。单向安全，依靠一方对另一方的控制。这种控制，包括经济控制和暴力控制，但往往又互为手段。而双向安全，则非常困难和考验智慧。

关于单向安全，有一个非常典型的例子。妻子长年在家操持家务，丈夫在外负责赚钱，但妻子不掌握家庭财政大权，不知道丈夫的实际收入，没有购置大宗家庭资产。多年来，妻子就靠丈夫每个月给生活费过日子。当妻子不听话时，丈夫就不给钱或少给钱；当妻子反抗时，丈夫就动手打人。有一天，妻子发现丈夫在外面三妻四妾。她想离婚，然而她既没钱请律师，也没钱交诉讼费，更不知道丈夫的存款藏在哪里。她既分不到财产，又无生存技能，她敢离婚吗？她敢不听话吗？如此，丈夫的婚姻倒是安全了，而妻子则毫无安全可言。

在婚姻里，一方对另一方常见的控制方法有：

1. 让其辞职失业，使其在经济上产生依赖。

2. 在日常生活中对其进行价值否定，如什么都不会做、只会花钱、不赚钱等。

3. 每个月只给少量生活费，实施经济控制。

4. 否定其好友，限制其社交，使其失去援手。

5. 暴力控制，不听话就打。

如此，这些人就可以放心地在外面胡作非为，即使被配偶知道，配偶也不敢反击，也没能力反击。光没钱这一条，就够了。

然而，这种以控制为核心的婚姻关系，既不符合男女平等的法律规定，也不符合社会主义核心价值观。我们不能也不应提倡，而要旗帜鲜明地反对。

我所提倡的婚姻安全，有且只有一种——双向安全。

当婚姻安全指向财产安全时，就很容易陷入"谈钱伤感情，谈感情伤钱"的两难境地。比如，有一对情侣到了谈婚论嫁时，女朋友要买一套房子，但首付需要15万元人民币。此时，她跟男朋友借钱。男朋友说，如果结婚了，这笔钱就不用还；如果结不成婚，就要还。于是，他让父母转了15万元给女朋友，并备注为"借款"。女朋友很担心男朋友因这15万元占有房屋的份额，也担心离婚时被男朋友的父母起诉返还。但她羞于开口与男朋友协商，于是把钱转回去，让对方拿现金给她。男方的父母一听要拿现金，心里就慌了，担心女方是在骗婚。最后，他们在相互猜疑中把美好的感情都消耗殆尽。

当我们说"谈钱伤感情"时，潜台词是"我那么爱你，你居然不相信我"；当我们说"谈感情伤钱"时，潜台词是"我就是因为当初无条件相信你，才落得人财两空"。

这种非黑即白的思维，确实阻碍我们走上婚姻幸福的大道。其原因在于我们把"爱情"等同于婚姻的"感情"。

爱情被注入了文学性，感情被注入了法律性。感情可容纳很多不纯粹的东西，如利益；而爱情则容不得沙子，会让很多人谈钱即婚姻安全时有罪恶感。感情是可以变化的，爱情则应该是永恒的。然而，整部婚姻法从来没出现过"爱情"二字，而用了

"感情"二字。婚姻法所传达的精髓——婚姻正是有一定感情基础的利益结合，如共同生活、共同财产、合作育儿等。在婚姻里，当我们用"感情"去替代"爱情"时，婚姻安全也就变得顺理成章了。否则，当有人在婚姻里失去一条腿时，却有人感叹"你失去的只是一条腿，紫菱失去的可是她的爱情啊"。别说失去一条腿，哪怕只是失去一套房子，恐怕都没多少人可以接受。大家反复体会以下对白：

女："你相信爱情吗？"

男："我当然相信了。"

女："我爱你，你知道吗？"

男："你不说，我也知道。"

女："那好，你能把房子过户给我吗？"

男："那不行，离婚的话，怎么办？"

女："你究竟是不相信爱情，还是不相信我？"

当然，男方也可以换一种说法："既然我们相爱，我们永远在一起，为何一定要把房子过户你？你是不是不相信我？"然后，这种争论会无休止地进行下去，并无实际益处。

婚姻的起点是感情稳定，终点是感情破裂。当我们承认这点时，也就等于承认感情是重要的，感情是会变化的。在变化的感情里，需要加入一个元素，让婚姻里的感情代价变得可以承受。

这就是婚姻安全框架。

没有安全框架的婚姻，在感情不断变化时，彼此之间的信赖将失去支点。当信赖发生危机时，感情也必然会遭到破坏。

过于强调安全的婚姻，对细枝末节斤斤计较，必然会反过来损害感情，导致信赖崩溃。

婚姻安全，只需要解决重大安全漏洞。它让感情变化的代价变得可以接受，从而让感情主导剩余的婚姻生活，让婚姻变得美好。如此一来，婚姻才能避免成为一场赤裸裸的经济合作。

就上面谈婚论嫁的例子而言，双方的诉求很简单。女方需要15万元，男方愿意给女方15万元，但担心女方悔婚。那么，双方签一个以结婚为条件的赠与协议就可以了，功能与彩礼相当，恰好满足了双方的需求，消除了双方的猜疑。解决了这个重大安全漏洞后，其余细枝末节的问题，则由双方的感情来解决。双方在这个框架内，可以自由地付出真感情。

至此，我所提出的婚姻安全的原理和功能也就明朗了。接下来，我将为大家揭示婚姻里需要进行控制的安全漏洞。

婚姻安全框架思维导图

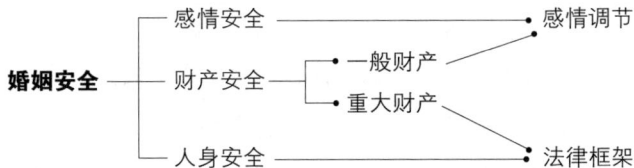

第二章

彩礼与嫁妆

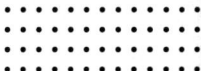

第一节 彩礼三大门道

说起彩礼，大家都不陌生。可是，里面的门道或许会刷新你的认知。

💍 彩礼四大核心要素

在讲彩礼的概念之前，大家先看以下五个情形：

1. 恋爱期间，男方给女方买了钻石戒指、金条。

2. 恋爱期间，男方多次微信转账 5200 元、13140 元等吉利数字的款项给女方。

3. 结婚前，男方转账 20 万元给女方购买房屋。

4. 结婚前，男方转账 88888 元给女方。

5. 摆喜酒期间，男女双方收到了亲戚朋友的礼金共计 10 万元。

请问，以上哪些财产属于彩礼？恐怕读者们很难直接下定论吧？实务中的彩礼，往往也是如此复杂，难以区分。法院每年都会审理大量的婚约财产纠纷。彩礼绝对称得上是重大的婚姻安全问题。搞懂彩礼的门道，可以减少婚姻里不必要的纷争。

那么，什么才是彩礼呢？对于这么重要的问题，婚姻法没有明确规定！

大家都知道，我国地域广阔，全国各地的婚姻习俗差异很大。订婚时一般是男方给女方及其父母一定数额的货币或实物财产。给付这些财物时，有时是包括各项在内的土豪式"大包干"；有时则是有明确分项的，如彩礼多少钱、衣服款多少钱、金银首饰款多少钱、行李款多少钱、父母奶水钱、看钱、认门钱，等等。

那这些形形色色、名目众多的财物，即"彩礼"，是否都是法律上认定的彩礼呢？

法院在审理案件时，主要参考以下四个核心要素：

1. 地方风俗

地方风俗是认定彩礼的关键性因素。地方越小，彩礼风俗越明显；地方越大，彩礼风俗越不明显，尤其在北、上、广、深等一线城市，婚前给付的财物是不是彩礼，往往极具争议。

2. 是否以结婚为目的

在认定彩礼时，要看赠与财产的前后，双方是否已经表达过结婚的意愿、是否已经谈婚论嫁。比起彩礼，更大的概念是"以结婚为条件的赠与"或"以结婚为目的的赠与"。

在恋爱期间，男方为了追求女方，在节日期间发 5200 元、13140 元等特殊数字的红包，一般视为联络感情的普通赠与，在分手或结婚不成时，无权要求女方返还。所以，没有结婚意愿，乱发巨额红包，就很危险了！

3. 财产的价值

一般而言，财产价值越大，越容易认定是以结婚为条件的赠与。财产价值的大小判断，不看绝对值，而看相对值。富豪送女明星一辆法拉利，跟普通人家用卖房钱买豪车送给美女，完全不是一回事。前者很可能会被视为追求女性的礼物，后者即使没有证据反映出结婚意愿，也有可能被视为以结婚为条件。

4. 赠与的时间

赠与的时间越靠近悔婚时间或提出结婚时间，越容易被认定为彩礼或以结婚为条件的赠与。

以第 1 种情形为例，如果在悔婚前 2 年送出钻戒、金条，没有其他证据，很难被采信为彩礼。如果在悔婚前两个月送出钻戒、金条，则容易被推定为彩礼。

以第 4 种情形为例，如果离悔婚时间较近，88888 元这样的吉利数字，也较为容易被推定为彩礼。

💍 返还彩礼六大要点

关于彩礼返还的问题，《婚姻法司法解释（二）》里只列举了三种男方可以请求女方返还彩礼的情形 [1]：

1. 双方未办理结婚登记手续的；

---

1 《婚姻法司法解释（二）》第十条：当事人请求返还按照习俗给付的彩礼的，如果查明属于以下情形，人民法院应当予以支持：（一）双方未办理结婚登记手续的；（二）双方办理结婚登记手续但确未共同生活的；（三）婚前给付并致给付人生活困难的。适用前款第（二）、（三）项的规定，应当以双方离婚为条件。

2. 双方办理结婚登记手续但确未共同生活的；

3. 婚前给付并导致给付人生活困难的。

值得注意的是：

1. 男女双方没有领结婚证、曾共同生活，可以要求返还彩礼，但可能会打折。

因为双方共同生活过一段时间，在此期间彩礼既有可能用于结婚摆喜酒，也有可能用于生育孩子或堕胎，会产生实际支出。如果有证据证明彩礼已用于上述共同生活中，则应予扣除。根据2011年最高人民法院的《全国民事审判工作会议纪要》的说法，法院可以根据双方共同生活的时间、彩礼数额并结合当地农村的风俗习惯等因素，确定是否返还及返还数额。[1]

2. 男女双方已结婚，但共同生活时间较短，也有可能酌情返还彩礼。

例如，女方收取了48000元彩礼，双方结婚后均到外地打工，长期分居，共同生活时间较短，又无生育子女，法院判决女方酌情返还24000元彩礼。[2]

3. 什么叫生活困难？

所谓的"生活困难"不是指男方给付彩礼前后生活相差悬殊的情况，而是指男方给付彩礼后靠自己的能力已经无法维持当地

1　2011年《全国民事审判工作会议纪要》第50条：婚约财产纠纷案件中，当事人请求返还以结婚为条件而给付的彩礼，如果未婚男女双方确已共同生活但最终未登记结婚，人民法院可以根据双方共同生活的时间、彩礼数额并结合当地农村的风俗习惯等因素，确定是否返还及返还数额。

2　见《婚姻家庭纠纷裁判思路与裁判规则》第22页，肖峰、田源主编，法律出版社，2017年3月第1版。

的基本生活水平。[1]或者可以理解为：男方给女方彩礼后自己变成了"乞丐"。

《民法典婚姻家庭编的解释（一）》第五条[2]规定的彩礼的返还条件，与《婚姻法司法解释（二）》第十条的规定是一样的，但没有进一步给出"生活困难"的标准，也没有明确在"双方虽未领证但共同生活""双方虽领证但共同生活时间较短"的情况下如何处理。

在《民法典婚姻家庭编的解释（一）》出台之前，诸多见解认为"《民法典》禁止收彩礼"。但该司法解释出台后，此种谣言不攻自破。

🔗 彩礼六大高发盲区

1. 婚后收取彩礼

以前遇到一些离婚咨询，彩礼是在婚后收到的。比如，女方说自己的存款有100多万元，其中有30万元是男方家给的彩礼。那这30万元究竟是女方的个人财产，还是共同财产呢？谁都知道彩礼就是个人财产！可是，事隔多年，怎么证明是彩礼呢？如果

---

1 《婚姻法司法解释（一）》第二十七条：婚姻法第四十二条所称"一方生活困难"，是指依靠个人财产和离婚时分得的财产无法维持当地基本生活水平。

2 《民法典婚姻家庭编的解释（一）》第五条：当事人请求返还按照习俗给付的彩礼的，如果查明属于以下情形，人民法院应当予以支持：（一）双方未办理结婚登记手续；（二）双方办理结婚登记手续但确未共同生活；（三）婚前给付并导致给付人生活困难。适用前款第二项、第三项的规定，应当以双方离婚为条件。

证明不了，这30万元就成夫妻共同财产了。

先收彩礼，后领结婚证，这个道理很简单。然而，实务中还是有很多人会犯错。很多人想都没想，赶着2月14日、5月20日、5月21日这些日子去领证。结果领完证后，喜酒还没摆。要知道，直到摆喜酒前或当天，女方才收到很多彩礼，这下彩礼又成共同财产了。

2. 实物彩礼，由谁保管

一般而言，男方给对方金银首饰等实物彩礼，没有收据。这就导致结婚不成时，男方难以证明给过什么彩礼，自然也就无法要求对方返还。

对于女方而言，她嫁到男方家里，金银首饰一般也保存在男方家里，而这些金银首饰常常由男方母亲保存。我就遇到过一些案例，男方母亲当晚就把这些金器全部收走了，名义上是替他们保管。日后，女方也不好意思开口要回来。离婚时，女方找不到这些金器，也就无法要求分割了。

3. 现金彩礼，谁能证明

当男方以现金方式给了女方彩礼，在悔婚时他也很难证明曾经给过女方多少现金。万一女方拒不承认，男方也就毫无办法了。

4. 用彩礼购房，有何坑

我在本节开头提出的第3种情形——结婚前，男方转账20万元给女方购买房屋。

这20万元既有可能是男方和女方共同出资购房，也有可能是男方给女方的彩礼。假设3年后房价大涨，离婚时男方大多会主张将其视为共同买的房，要求分割房屋。如果女方无法证明是彩礼，那么法院也就有可能按首付出资比例认定份额。如果女方悔婚，同样可能出现这种麻烦。

当然，我也见过另外一种判法，法院要求男方证明该出资款是彩礼，当男方证明不了时，则认定为男方向女方普通赠与[1]，驳回男方要求返还的主张。

可见，提前明确彩礼的性质和数额，对双方而言均是一种保障。

5. 借钱付彩礼，可能会变成夫妻共债

现实中，男方家庭本身经济能力有限，但为了娶妻，不惜四处举债。《民法典婚姻家庭编的解释（一）》第三十三条［原《婚姻法司法解释（二）》第二十三条］规定，一方在婚前举债，如被证明用于夫妻共同生活，属于夫妻共同债务。[2] 当女方收取了这笔彩礼，成为这些借款的直接受益方，这些借款就有可能被视为用于夫妻共同生活，最终会共同承担债务。

女方收取彩礼时，要尽量考虑到男方家庭的经济能力。因为，男方家是否借钱给彩礼，女方很难识别和控制。

6. 酒席期间收到的金银首饰及份子钱

这里的财产一般属于对夫妻双方的赠与。然而，离婚时因难以证明存在这些财产，法院一般无法处理。最终，谁控制这些财产，实际上就归谁。

1　见广州市中级人民法院（2017）粤 01 民终 15500 号判决书，来源于中国裁判文书网。

2　《民法典婚姻家庭编的解释（一）》第三十三条：债权人就一方婚前所负个人债务向债务人的配偶主张权利的，人民法院不予支持。但债权人能够证明所负债务用于婚后家庭共同生活的除外。

彩礼的思维导图

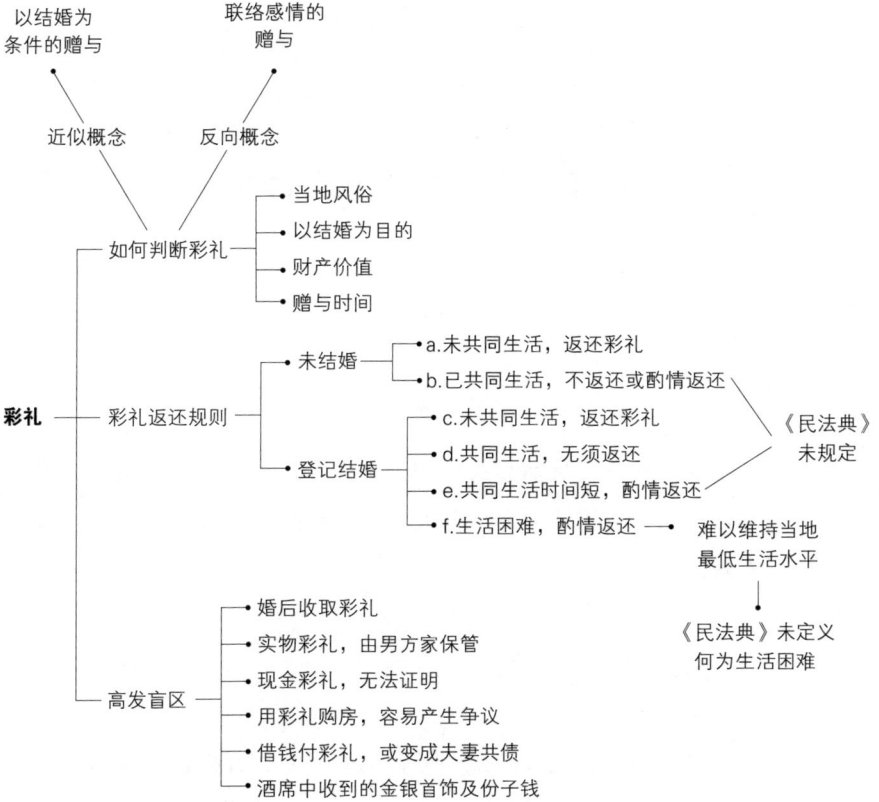

以结婚为
条件的赠与

联络感情的
赠与

近似概念   反向概念

彩礼

- 如何判断彩礼
  - 当地风俗
  - 以结婚为目的
  - 财产价值
  - 赠与时间

- 彩礼返还规则
  - 未结婚
    - a.未共同生活，返还彩礼
    - b.已共同生活，不返还或酌情返还
  - 登记结婚
    - c.未共同生活，返还彩礼
    - d.共同生活，无须返还
    - e.共同生活时间短，酌情返还
    - f.生活困难，酌情返还 —— 难以维持当地
      最低生活水平

      《民法典》未定义
      何为生活困难

  《民法典》
  未规定

- 高发盲区
  - 婚后收取彩礼
  - 实物彩礼，由男方家保管
  - 现金彩礼，无法证明
  - 用彩礼购房，容易产生争议
  - 借钱付彩礼，或变成夫妻共债
  - 酒席中收到的金银首饰及份子钱

第二节　嫁妆五大盲区

嫁妆是女方父母赠与女方的个人财产，虽不如彩礼复杂，但如操作不当，也很容易变成共同财产。在嫁妆这件事上容易出现五大盲区。

⚭ 结婚后收嫁妆

不知道为何，在我们接到的咨询里，女方在婚后才收到嫁妆的现象比较多。可能是因为很多人先登记结婚后摆喜酒，父母往往在摆喜酒前把嫁妆给女儿。时隔几年，他们要离婚。此时，要证明那笔钱是嫁妆就颇为困难，尤其是有些父母喜欢拿现金给女儿。此种情况下，根本无法证明款项来源于父母，只能眼睁睁地看着这笔钱被分割。

同样，父母在婚后买了车辆给女儿，也会被当作共同财产。因为这是婚后赠与，原则上推定为赠与夫妻双方。

为了避免这个坑，我建议先摆喜酒后领证。如此一来，父母顺着风俗在摆喜酒前给嫁妆，也就成了婚前赠与。

💍 嫁妆放婆家

大家先来思考一个问题：

婚宴当天，你们收到了很多金银首饰，包括家人送的贺礼。你们一天忙前忙后，参与各种仪式。你们会把这些东西都放到哪里呢？

大概率会交给婆婆保管吧？

给她保管后，第二天你会主动跟她要回来吗？大概率不会，对吧？

当有一天，你觉得金银首饰全部放在她那儿似乎不是很妥当，但你也很难开口跟她要过来吧？

日复一日，这些嫁妆就一直放在婆婆的房间里。直到你们闹离婚，你想去拿这些金银首饰。婆婆说：什么首饰？我这里没有首饰，不是你自己保管的吗？

上了法庭，你也无法证明这些首饰在哪里，自然也就无法分割。

我记得自己结婚时，除结婚戒指外，其余的当天也全部托我母亲保管，后来也一直未跟她要回来。直到我在实务中遇到很多这类咨询时，才找了些借口跟母亲要回来，交给妻子保管，这也算是我自己践行了婚姻安全的理念。我妻子听了我的线上课程后，方才知道我的用意，我们彼此之间又多了一分信任。

⚭ 嫁妆与彩礼混同

大家继续思考一个问题：

假如你家里给你 20 万元现金作为嫁妆，你会存在哪里？

显然，你不会存到丈夫的卡里，而是存到自己的卡里。那么，这张卡大概率也存了男方给的彩礼 20 万元。如此一来，你就有 40 万元在同一张卡里。接下来，你用了 25 万元买房，10 万元买车，5 万元用于准备婚礼。此时，你们万一结不成婚了，彩礼怎么退？

房子可能会升值，车辆一定会贬值。你会说：对方给的 20 万元彩礼，其中的 5 万元用于准备婚礼，10 万元用于买车。对方会坚持认为其给的 20 万元用于买房了，所以要分房子。此时，就很难分清楚 20 万元彩礼和 20 万元嫁妆的用途，因为它们已经混在一起了。

因此，你要学会用两张银行卡分别收彩礼和嫁妆。

⚭ 陪嫁车辆写男方名字

在结婚前，你们可能需要一辆车。由于房子太贵，很多父母喜欢送车给女儿当嫁妆，反正女儿嫁过去也有地方住。如此一来，两口子有房有车，住、行就都解决了，多完美。

如果女方本身在北京、上海、广州、深圳没有车辆指标，怎么办？可能会用上男方的指标，用他的名字购买和上牌。这会有什么坑呢？

离婚时，女方跟律师说，丈夫名下的车辆是她的嫁妆，但没有证据。这就很可能成了男方的个人财产。此时，律师又生一计，此车原价 20 万元，现在贬值到 8 万元，不要也罢。你父母可以说是借款啊，反正也有银行转账。

他们离婚时，要打两场官司，一场是女方告离婚，另一场是女方父母告男方还钱。

因此，遇到这类情况，双方就应该书面约定清楚车辆的归属，以免徒增事端。

💍 送股权作嫁妆

有些人家里很有钱，嫁女儿时不仅送钱、送车，还送公司股权作为嫁妆。这也就权当分家，剩下的财产就跟女儿无关，全归其他子女了。

大家再思考一个问题：

结婚之后，这家公司发展得很好，可能要上市了。原来股权只值 100 万元，现在要升到 2000 万元了。丈夫能从中分一杯羹吗？

毫无疑问，女方婚前拿到的股权是个人财产，但它在婚后增值了 1900 万元，增值这部分能否分割呢？这就争议很大了。

这取决于男方有没有参与这家公司的经营。一般认为，如果婚后参与了公司的经营，这 1900 万元的增值就是共同的。如果婚后没有参与经营，这 1900 万元增值就是个人的。至于怎样才算参与经营，实务中也争议纷纷。

为了避免此类纠纷，女方不如选择在婚前签订财产协议或让父母继续代持股权。

嫁妆盲区思维导图

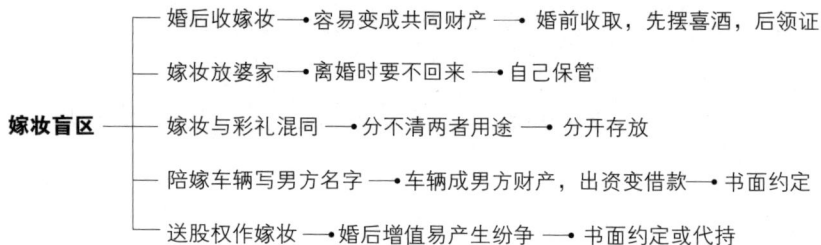

嫁妆盲区 ——
├── 婚后收嫁妆 ——▶ 容易变成共同财产 ——▶ 婚前收取，先摆喜酒，后领证
├── 嫁妆放婆家 ——▶ 离婚时要不回来 ——▶ 自己保管
├── 嫁妆与彩礼混同 ——▶ 分不清两者用途 ——▶ 分开存放
├── 陪嫁车辆写男方名字 ——▶ 车辆成男方财产，出资变借款——▶ 书面约定
└── 送股权作嫁妆 ——▶ 婚后增值易产生纷争 ——▶ 书面约定或代持

第三章

婚恋中的房子

第一节　为何婚前自己买房更划算

　　某找房平台对该平台 2018 年成交的房产交易进行汇总后发现，女性的购房率较之以前大大增长，照这个趋势下去，女性买房很快就会成为主流。女性买房成主流也反映了现代女性独立意识的增强。

　　曾经有一位小姑娘咨询我，她说目前刚毕业 2 年，在一家银行工作，收入为每月 12000 元，日子过得还算轻松。身边的同事一直在谈房子，去年才 8000 元每平方米的房子，现在涨到 12000 元每平方米了，她看着不断上涨的房价就着急了。于是，她和父母说要买房，希望父母能资助她。但她父母说："女孩子买什么房，等你嫁人了，让丈夫买就行了。"她问我要不要婚前买房，怎么说服家里人出首付给她买。后来，她根据我的分析，成功地说服了父母资助她买房。

　　在房屋价格大趋势不改的前提下和当前的婚姻制度下，婚前自己买房无疑是最划算的。然而，在人口出生率严重下降及人口持续净流出的地区，房价是否能持续增长，则需要用投资的眼光看待。这更属于一个投资问题，而非纯粹的法律问题。

○ 最大限度享受增值

根据《民法典》第一千零六十三条[1]规定，婚前购买的房屋，属于夫妻一方的财产。当然，这里要加注两个前提：一是用自己的婚前个人存款购买，包括自己账户里的存款、个人凑的、父母资助的、他人赠与的钱等；二是全款购买，而不是按揭购买。

如今房价高涨，普通家庭难以全款购买。如果婚前按揭购买，这套房屋又该如何分割？

根据《民法典婚姻家庭编的解释（一）》第七十八条［原《婚姻法司法解释（三）》第十条］[2]规定，只有婚后共同还贷的款项及其相对应财产增值部分属于共同所有，其余部分属于个人所有。离婚时，法院会把房屋判给购房人，购房人补偿另一方婚后共同

---

1 《民法典》第一千零六十三条：有下列情形之一的，为夫妻一方的财产：（一）一方的婚前财产；（二）一方因身体受到伤害获得的赔偿或者补偿；（三）遗嘱或赠与合同中确定只归夫或妻一方的财产；（四）一方专用的生活用品；（五）其他应当归一方的财产。

2 《民法典婚姻家庭编的解释（一）》第七十八条：夫妻一方婚前签订不动产买卖合同，以个人财产支付首付款并在银行贷款，婚后用夫妻共同财产还贷，不动产登记于首付款支付方名下的，离婚时该不动产由双方协议处理。

依前款规定不能达成协议的，人民法院可以判决该不动产归登记一方，尚未归还的贷款为不动产登记一方的个人债务。双方婚后共同还贷支付的款项及其相对应财产增值部分，离婚时应根据民法典第一千零八十七条第一款规定的原则，由不动产登记一方对另一方进行补偿。

还贷及对应增值的一半。

假设女方买了一套 200 万元的房子，首付 60 万元，贷款 140 万元（30 年），每个月还款 7300 元。结婚 2 年后离婚，也就是还了 175200 元贷款，只占房款的 8.76%。

房子在离婚时涨到 300 万元，女方只需补偿对方 300 万元 × 8.76% ÷ 2=131400 元，离婚后贷款由女方自己继续还，尚未还贷的按揭款的增值，与对方无关。离婚时房子 868600 元利润是属于女方的。当然，这种计算方式没考虑贷款利息，只是为了简便展示。

⚭ 无共同还贷，则无补偿

婚后的收入是共同财产，无论以谁的存款还贷，都会推定为共同还贷。但实务中也会出现以下情况：

1. 女方父母每月打一笔钱到女方的还贷账户还贷；

2. 女方父母动用其住房公积金为女方还贷；

3. 女方用嫁妆还贷；

4. 女方用彩礼还贷；

5. 女方用婚前积蓄还贷。

此时，夫妻没有共同还贷，离婚时女方无须补偿对方。也就是说，整套房子都是女方的，跟对方毫无关系！离婚时，对方什么都分不到。

⚭ 离婚时可分到房子

离婚时，很多夫妻会争夺房子归属，却无法预知结果。当只有一套共有房产时，法院往往会判给取得抚养权的一方。因为，孩子更需要稳定的住所。此时，孩子抚养权的争夺也就变得更为激烈。

当你拥有一套婚前按揭房时，法院就会将其判给你。如果有共同还贷，则只需补偿对方一笔钱，这里面还有一个鲜为人知的门道。

法院要确定你补偿多少钱给对方时，就要先确定房屋的价值。双方先协商房价，协商不成则评估。假设评估出来的结果是300万元。此时离法院作出判决还有一段时间。3—6个月过去了，法院才判决离婚。此时，房价涨到330万元。当有一方不服上诉，又6个月过去了，房价又涨到380万元了。二审法院不会再重新评估房价，只会根据300万元的评估价来确定补偿数额。

试想一下，如果你不是婚前按揭买房，而是婚后和对方一起买房，这套房屋就未必会判给你了。万一判给对方，对方只按300万元的价格来补偿给你，但房价已经涨到380万元了。你拿到的补偿款是不是严重缩水了？你只能买更小的房子住。但是，若你婚前按揭买了房，那就没这个烦恼了。是不是很划算？

⚭ 避免婚后买房变共有

如果结婚后购房，那么这套房子写谁的名字？谁出钱？这些都要商量，不同的组合会带来不同的效果，非常复杂，操作不当，就会损失惨重。

最典型的例子，你要买那套 200 万元的房子，父母给了你 60 万元首付，房子也写了你一个人的名字。这 60 万元是赠与你个人的，还是赠与夫妻双方的，很有争议，我会在后面的章节详细分析。万一被认定为对夫妻双方的赠与，那整套房子都是共同的，这就损失惨重了。

如果结婚之后，你的存款进进出出，婚前存款和婚后存款混同，离婚时你证明不了这 60 万元来源于婚前存款，最后会被认定是以夫妻共同财产出资的，则整套房子会被平分。这种情况下，60 万元所对应的房屋价值就被分走了一半，亏得更大。

又或者，婚后购房登记了两个人的名字，共同所有，也是一样的结果，你把 60 万元搭进去了，整套房子算共同的财产。

第二节　谈婚论嫁时买房的坑

谈婚论嫁时偷偷按揭买房

小玉跟男朋友谈恋爱 3 年了，打算几个月后结婚。她在广州的收入是 8000 元 / 月，男朋友收入是 6000 元 / 月，本来双方家里打算出点钱给他们当首付在番禺买套房子。可是，男朋友偷偷在 7 月按揭了一套房子，首付是他家里人凑借来的。

男朋友的父母跟她说："小玉啊，我们家呢也不是富贵家庭，但儿子结婚还是要给儿子凑个首付。你们的工资也不高，结婚之后还要生活，要养孩子，你嫁过来也不能让你受苦。结婚后房屋的贷款也不用你们操心，我们老两口还有些积蓄和退休金，可以帮你们还月供。"

她听完觉得婆家不错，但还是有些不放心，所以找我咨询了。

我问："这套房子是以谁的名义购买的？"

她说："男朋友的名义。"

我问："这套房子家私家电的钱由谁出？"

她说："我和男朋友打算凑 8 万元去简单装修一下。"

接着，我说："你这是给他们家补贴去了，本来商量好两家人出钱，为什么又偷偷私下按揭了一套房子呢？"

《民法典婚姻家庭编的解释（一）》第七十八条〔原《婚姻法司法解释（三）》第十条〕规定：

> 夫妻一方婚前签订不动产买卖合同，以个人财产支付首付款并在银行贷款，婚后用夫妻共同财产还贷，不动产登记于首付款支付方名下的，离婚时该不动产由双方协议处理。
>
> 依前款规定不能达成协议的，人民法院可以判决该不动产归登记一方，尚未归还的贷款为不动产登记一方的个人债务。双方婚后共同还贷支付的款项及其相对应财产增值部分，离婚时应根据民法典第一千零八十七条第一款规定的原则，由不动产登记一方对另一方进行补偿。

这套房子是男方的婚前按揭房，属于他的个人房产，离婚的时候法院会判给他。如果存在婚后共同还贷，他补偿给她的钱 =（婚后共同还贷 + 该部分的增值）/2。

现在他父母说婚后帮他们还，那就意味他们没有共同还贷，这套房屋跟她没有任何关系。至于婚后还贷的钱是不是他父母的，谁也不知道。她男朋友完全可以日常取现给他父母，他父母再转账到她男朋友的还贷账户里。钱是他们夫妻共同的，但证据上显示是他父母的。

而她婚前的钱呢？一部分用于装修了，离婚的时候分点家私家电给她，也不值钱。婚后她的工资用于家庭开支，到离婚的时候估计她也没存款结余。他们家的钱是凑借的，婚后还要偿还。即使他们俩赚了钱，估计他也是要拿些钱帮他父母还债的。他们家把钱都用来买了房子，估计也没多少钱给她作彩礼。

结婚之后，她想买房就属于二套房，需要付七成首付。我想一般家庭也没这么多钱，在广州买二套房要付七成首付，你很难拥有第二套房子了。

◐ 切勿为对方房子出资装修

在谈婚论嫁阶段，一方偷偷去按揭一套房子，虽可保障自己的利益，但破坏了双方的利益平衡，产生了一个不安全的漏洞。此时，购买房屋的一方仍让对方出钱装修，会进一步损害对方利益。这与尚未谈婚论嫁时单方买房有本质区别，前者故意损害对方的利益，后者则只是顺其自然。

有些时候，"男方买房，女方出钱装修"是沿袭了传统婚嫁模式，而非故意为之。比如，一对情侣要结婚，男方父亲说要给儿子买房，并负责还贷一段时间。未来岳父认为男方家庭通情达理，自愿掏20万元供他们装修。这种看似大方合理的做法，却隐藏了以下门道：

1. 男方父母每月还贷的钱，来源不可控。既有可能是男方父母的，也有可能是男方取现给他们的。这样一来，婚后还贷部分就不属于夫妻共同财产。

2. 由于男方父母帮忙供房，婚后双方可支配的收入就多些。人心欲望难以控制，人们一般都拿去消费了。比如，今天买个游戏装备，明天和哥们儿喝个酒，后天买个手表，明年买辆车等。

3. 如果是夫妻两人自己供房，可支配的钱少，消费自然会有所节制，但供房的钱算是夫妻俩的投资了。

4. 父母给自己的孩子还贷，帮的是自己的孩子。如换作夫妻还贷，他们每个月补贴钱给夫妻俩花销，恐怕就不会愿意了吧？

💍 谈婚论嫁时买房的七点建议

综上所述，如果双方已经到了谈婚论嫁阶段，请一方务必与另一方商量，根据情况而定：

1. 双方家庭均可以买房，宜各自按揭一套，双方均享受首套房福利。

2. 一方家庭富裕，另一方经济条件不足以买房。想买房的一方，应问另一方是否有买房意向，是各自买房，还是合资共同买房。

3. 双方经济条件均不足以独自买房，宜商量合资买房。

4. 如合资买房，建议协商各自出资比例和房屋份额，避免各自暗地里盘算对方。

5. 无论如何，任何一方都不应让对方出资装修，而应转化为购房出资款。

6. 男方在协商房屋份额比例时，可以考虑将相应份额换算成彩礼。

7. 房产证加名，可以约定为按比例享有的按份共有。不是所有加名均意味着一人一半，大家在商量房产证加名时，请勿激动。

第三节　房子写一人名字很危险

婚后买房写谁的名字都一样，是一个非常危险的常识。

◎ 签署放弃产权声明

我曾听到一个故事：夫妻俩买了一套二手房，中介带他们到房管局办手续。丈夫跟妻子说，反正是我们婚后买的房子，是共同的，就不写你的名字了，妻子欣然答应。窗口工作人员给了很多材料让他们签署，其中有一张是放弃产权声明书，同意登记为丈夫单独所有。妻子根本来不及看这些材料，只是埋头一顿签字。房屋中介看在眼里，却默不作声。事后，丈夫跟中介说："这是我家的事，不要跟我妻子讲。"

听完这个故事，我头皮有点发麻。在一些咨询里，我也听说当夫妻一方申请登记时，房管局会要求共有人签署类似的声明。这原本是一道行政管理的手续，但若打起官司来，究竟是否会被当成夫妻书面财产约定，我也不好下结论，需要法院的最后判决。

忽视了这一点，就等于把房屋的所有权置于不确定状态，破坏了婚姻安全。这正是由"婚后买的房子写谁的名字都一样"的"常识"所致。

因此，婚后买房写谁的名字都一样，是一个非常危险的"常识"。

⚭ 单方出售或抵押房屋

婚后买的房子写谁的名字都一样，都是夫妻共同的房子。那么，当房屋写他一个人的名字时，他想把房子卖了，过户的时候究竟需不需要配偶签字？

常识告诉我们，肯定要！因为法律默认是共同的，这也是房管局的传统操作。然而，2008年《物权法》出台后，越来越多城市的房屋过户已不需要配偶签名。这个单方可以签字过户／抵押房屋的政策，也就成了婚姻安全里的致命漏洞。

丈夫在外面包养了情人，他们已经一起生活十多年了。妻子终于忍不住了，起诉离婚。起诉到法院她才发现，他们的三套房子都抵押给了融资公司，借款金额高达500万元，年息高达24%。丈夫声称这些债务都是长年累月、借新还旧形成的，都用于公司经营了。

丈夫未经妻子同意，擅自把房屋抵押给别人，妻子能不能主张抵押无效呢？显然不行。因为融资公司有一系列的转账凭证，证明融资公司已经支付了款项，而房屋又只登记在丈夫一人名下，具有公示效力。融资公司有理由相信丈夫有权处理这些房屋。这就是《物权法》所规定的"善意取得"[1]。

丈夫借到的款项不知去向，女方离婚时怎么索赔？将来怎么执行到位？或许，我们可以更为邪恶地设想，这 24% 的利息里，全部都是融资公司收取的吗？有没有可能融资公司私下给男方返点呢？

接下来，我们再看一个故事。

丈夫在 4 年前单方出售一套房屋获得 200 万元，随后用父母的名义买了另一套房屋。妻子现在才发现房屋已经被出售了。此时，她同样不能主张出售无效。因为丈夫是真的把房子卖了，购房者也付清了 200 万元房款。根据《民法典婚姻家庭编的解释（一）》第二十八条［原《婚姻法司法解释（三）》第十一条］[2] 规

---

1 《物权法》第一百零六条：无处分权人将不动产或者动产转让给受让人的，所有权人有权追回；除法律另有规定外，符合下列情形的，受让人取得该不动产或者动产的所有权：

（一）受让人受让该不动产或者动产时是善意的；

（二）以合理的价格转让；

（三）转让的不动产或者动产依照法律规定应当登记的已经登记，不需要登记的已经交付给受让人。

受让人依照前款规定取得不动产或者动产的所有权的，原所有权人有权向无处分权人请求赔偿损失。

当事人善意取得其他物权的，参照前两款规定。

2 《民法典婚姻家庭编的解释（一）》第二十八条［原《婚姻法司法解释（三）》第十一条］：一方未经另一方同意出售夫妻共同共有的房屋，第三人善意购买、支付合理对价并办理产权登记手续，另一方主张追回该房屋的，人民法院不予支持。夫妻一方擅自处分共同共有的房屋造成另一方损失，离婚时另一方请求赔偿损失的，人民法院应予支持。

定，她只能要求丈夫赔偿损失。

不过，丈夫也可以抗辩，女方知道他在 4 年前出售房屋。不然，这么多年她怎么不提出任何异议呢？这也是有可能被采信的。丈夫还可以继续抗辩，他已把 200 万元用于家庭共同生活和生产经营，现在已不存在了。

即使女方主张赔偿获得支持，那赔偿的金额究竟是 200 万元，还是以现在的市值赔偿？答案也不是唯一的。

房屋登记在夫妻一方名下，有被随意抵押或出售的风险，这已经威胁到婚姻安全了。

💍 假借父母出资买房

最后，我们再来看一个例子：

在《民法典》实施之前，女方买了套房子写在自己名下，款项由父母的账户支付。根据《婚姻法司法解释（三）》第七条[1]规定，毫无疑问这是女方个人财产。

你们可能会说，这是父母出的钱，认定为个人财产应该不会有什么意外！可是，你知道其中的猫腻吗？

父母的钱从哪儿来的？是女方平常取现存进去的，还有一些

---

1 《婚姻法司法解释（三）》第七条：婚后由一方父母出资为子女购买的不动产，产权登记在出资人子女名下的，可按照婚姻法第十八条第（三）项的规定，视为只对自己子女一方的赠与，该不动产应认定为夫妻一方的个人财产。由双方父母出资购买的不动产，产权登记在一方子女名下的，该不动产可认定为双方按照各自父母的出资份额按份共有，但当事人另有约定的除外。

其他收入都用了父母账户收款。这些钱其实就是夫妻共同财产，但男方没法证明。

买房的时候，女方并没有想过要离婚，或者想防丈夫一手，只是做生意的人很多都会这么做。等到了离婚的时候，这些证据都可以用上了。

鉴于《民法典婚姻家庭编的解释（一）》没有吸纳《婚姻法司法解释（三）》第七条规定，婚后父母全款出资购房，如没有明确约定，应视为对夫妻双方的赠与。按照上面的操作方法，房屋可能会变成共同财产。但是，女方父母依然可以通过特别约定或公证，把存款先赠与女方个人。那么女方获得的存款就是个人的，再购买房屋，登记在自己名下，房屋依然是个人的。

因此，除婚前各自按揭购房，享受首套房优惠外，宜共同出资购房，登记夫妻两人名字，实现双向安全。如何登记房产份额的比例，由双方协商而定。

第四节　警惕父母出资变借款

⚭ 赠与和借款之争

我们思考一下下面的场景：

结婚后，男方父母给他们 200 万元买了套房子，房子写了夫妻两人名字。不到 1 年，夫妻闹离婚。由于房屋是婚后购买且写了两人名字，属于夫妻共同财产。为了挽回损失，出资方拿出一张 200 万元的借条，这张借条只有男方自己的签名。如果出资方胜诉，就意味着可以拿回 200 万元成本；如果出资方败诉，就意味着女方可以轻易分走房屋。

那么法院会怎么判呢？

这就要从 2018 年的一起案件[1]说起。

　　1　见北京市第三中级人民法院（2017）京 03 民终 9865 号民事判决书，来源于中国裁判文书网。

由于判决书相当复杂，我把案情简化为：

2010年男女双方结婚，男方跟父母要了270万元购置房屋，2016年双方感情恶化。2017年离婚时，男方父母起诉要求偿还借款270万元和利息。

法庭上，男方父母拿出男方在2016年补签的借据，借据上没有女方的签名；同时，男方父母分别有2010年、2011年和2016年的录音，录音中有男方与其父母谈及借款买房的事宜。

女方的律师提出的抗辩：2010年借款，当时没有签借据，居然特意录了音，录音中没有其他任何多余的话，还是由74岁高龄的父母完成的，疑点重重。于是，女方申请鉴定这三段录音的完整性和形成时间。但法官不同意鉴定，具体原因不得而知。

最终，法院认为《婚姻法司法解释（二）》解决的是在父母赠与的情况下房子归属的问题，但没有解决父母出钱究竟是赠与还是借款的前提。虽然借条是补签的，但也有录音做证，有转账证明，由于女方没有证据证明该270万元是赠与，所以借款关系成立。

这个案件一开始究竟是不是借款？抑或是感情破裂后才转化为借款的？我们不得而知。

推定为借款的趋势

在这类案件频繁出现之前，最高人民法院民一庭解读父母为子女出资购房时，认为首先应推定为赠与。这是由我国婚嫁传统决定的。

"父母基于对子女的亲情，往往自愿出资为子女购置房屋。绝大多数父母出资的目的是解决或改善子女的居住条件，希望让子女生活得更加幸福，而不是日后要回这笔出资。因此，父母出资借款给子女买房的概率远低于父母出资赠与子女买房。在父母一方不能就出资为借贷提供充分证据的情况下，一般都应认定该出资为对子女的赠与。"[1]

因此，婚后一方父母出资购房，房子登记在夫妻双方名下或非自己的子女一方名下，这套房屋就是共同的，父母的出资首先推定属于赠与而非借款。主张为借款的一方，需要负举证责任。

《婚姻法司法解释（二）》是 2004 年出台的，《婚姻法司法解释（三）》是 2011 年出台的，《最高人民法院婚姻法司法解释（三）理解与适用》中的观点也是 2011 年的。那个时候房价还没有这么高，父母一般出资几十万元到百万元不等，子女离婚的时候拿不回来也就算了。

然而，现在购房父母出资往往要几百万元，一旦子女离婚，矛盾就变得十分尖锐。近年来的司法判决，似乎有改变举证责任的趋势，要求被资助方来证明是赠与。[2] 如没有相应证据证实，则推定借款成立。

这或许是司法的价值取向——究竟是保护老人的财产，还是保护婚姻中的无形付出？如果认为婚姻里 7 年的无形付出不值钱，

1　见《最高人民法院婚姻法司法解释（三）理解与适用》第 128 页，最高人民法院民事审判庭第一庭编著，人民法院出版社，2011 年 8 月第 1 版。

2　见：四川省高法（2017）川民申 4120 号民事裁定书、广州市中级人民法院微信公众号 2019 年 3 月 22 日刊登的《父母出资 210 万给孩子买房，是赠与还是借款？这对夫妻把儿子告上了法庭》、南京市中级人民法院微信公众号 2018 年 11 月 2 日发表的《婚后父母为子女购房出资都是赠与吗？》。

那么就很容易得出结论：老人家的养老钱更应该保护。正如在我们曾经办理的一起案件中，庭后法官对此就有所疑惑：老人家不大可能赠与你们这么多钱吧？就因为你们领了结婚证？

这类案例出台，无疑给了我们一个非常重要的信号：

父母出资买房，在离婚时很可能会变成借款。

离婚时子女与其父母是利益共同体，可以随意补签借据，如果这种借据可以成立，那么另一方时刻都处于完全不可控的风险之中。为了控制这种风险，结婚的时候就会要求出资方的父母以书面方式明确出资的性质。

《民法典婚姻家庭编的解释（一）》第二十九条第二款的规定，更是强调了父母和子女之间的约定。

第五节 借名买房要三思

⚭ 为何会借名买房

婚姻里为什么会出现借别人的名义买房？我们不妨思考一下以下场景：

1. 女方父母有资格购买房改房[1]，但父母没有钱。此时，他们的女儿不想放弃这个名额，就出全款以父母的名义买了下来，但说好了是女儿和女婿的房子。

2. 夫妻名下有两套房子，没有资格买第三套房子了，但男方的哥哥还有名额。

---

[1] "房改房又称已购公有住房，是指根据国家现行房改房政策的有关规定，单位将原公房通过优惠的形式出售给已经承租或使用该房屋的职工，职工对其享有部分产权或全部产权的居住用房。"见《最高人民法院婚姻法司法解释（三）理解与适用》第 188 页，最高人民法院民事审判庭第一庭编著，人民法院出版社，2011 年 8 月第 1 版。

3. 他名下有两套房子了，想投资第三套，想借某人的名义买，然后假结婚，再析产到他名下。

说白了，借别人的名字买房，要么是没有购房资格，要么是为了省点首付，要么就是为享受房改房的优惠。

💍 借名买房的风险

买房的时候，夫妻双方都以为婚姻能天长地久，从来没想到会有劳燕分飞的一天。

不分手还好，一旦双方闹离婚了，这种借他人名义买房的诸多问题就会浮出水面。

比如，借用了父母的资格购买房改房，《民法典婚姻家庭编的解释（一）》第七十九条［原《婚姻法司法解释（三）》第十二条］[1] 就明确规定了，不能当作夫妻共同财产，只能把出资款当作债权分割。比如，当初花了 100 万元买了房改房，5 年后房改房价值 300 万元。离婚时，也只能各自分割 50 万元债权。

结婚前，小明和小花都各有一套房子。结婚后，他们想买一套大点儿的房子共建爱巢。由于限购，他们不能买第三套房。小明跟小花说："我们可以借用我哥的名字买啊，咱们一人一半首付，按揭我们也一起还。"小花当时也没细想，一心想着与小明天长地久。况且，出资和还贷都有转账证明，不怕对方抵赖。可就

---

1 《民法典婚姻家庭编的解释（一）》第七十九条：婚姻关系存续期间，双方用夫妻共同财产出资购买以一方父母名义参加房改的房屋，产权登记在一方父母名下，离婚时另一方主张按照夫妻共同财产对该房屋进行分割的，人民法院不予支持。购买该房屋时的出资，可以作为债权处理。

在 2017 年年底，小花发现小明出轨自己的闺密。

离婚是没有办法的选择。

在谈及小明哥哥名下的这套房子时，小明一口否认是夫妻共同财产。

小花说，怎么不是共同的呢？钱都是我们出的。

小明说，那是借钱给我哥哥买房，房子名字是我哥的，你别想分走。

小花一怒之下，起诉到了法院。大家是不是以为小花应该能胜诉呢？虽然小花确实是借了小明哥哥的名义买房，然而，大量的实践证明，小花可能要"悲剧"了。

1. 在离婚案中既无法追加夫妻以外的任何人进来作为第三人，也无法处理第三人名下的财产。因为，这房子涉及第三人的利益，必须再跟第三人打一场官司。也就是说，在离婚案中小花无法分到这套房子。

2. 小花起诉小明哥哥确认房屋所有权归为夫妻共同财产，这样行不行？在这一点上，尽管司法实践中有些许争议，但主流观点的裁判规则是物权以登记为准，因"借名买房"只是合同行为，不能因此否定物权登记。当然，也有些法院会支持房屋确权。在这个问题上，广州早已形成统一的裁判规则：以"房屋确权"为由起诉的，统统被驳回，哪怕白纸黑字约定房子实际所有权人是小花和小明。

3. 小花若起诉小明哥哥依当初的借名买房约定，把房屋过户到他们名下，有没有机会？

以广州为例，首先要到房管局开具购房资格证明。如果他们已经没有购房资格，就算有合同约定，法院也不会支持。只能等到他们有资格的时候，才能来起诉。

其次，如果他们有购房资格证明，也要有充分的证据证实他们约定有权要求对方过户，否则也无法得到法院的支持。

4. 小花最后的希望也只能是要求小明哥哥返还购房款项。可是，一来依赖于当初是否有转账证明；二来依赖于对方就这些款项的辩解；三来房屋已经涨了3倍，当初如果花了50万元，现在也只能拿回50万元。

以小明哥哥这套房屋为例，购买的时候房价是200万元，首付60万元，婚后还贷20万元。打官司的时候，房价涨到600万元，小明哥哥只需要返还80万元给小明和小花。也就是说，400万元利润都被小明以他哥哥的名义拿走了！

这些还是在证据齐全的情况下最好的结果。更多的现实案例中，出资购房的一方根本没有证据。

如果小明更有防备心的话，一开始就只拿小花的现金给他哥哥，婚后还贷也取现金给他哥哥。离婚的时候，小花连房屋的出资款都拿不回来！

这种血淋淋的案例，实在太多了。

💍 借名买房的五点忠告

为此，我给大家五点忠告：

1. 借父母名义买房改房，要不得。

2. 不要贪小便宜，为了省那点钱就轻易用了别人的名字买房。最后付出的代价，远远超出你的想象。

3. 如果真要借名买房，务必写一份完备的代持协议，包括房屋归属、返还房屋的请求权、房屋增值部分的利益归属和擅自处分房屋的责任等。

4. 所有出资款项务必通过银行转账完成，保留完整的证据链条。

5. 建议在专业律师的指导下完成。鸡都买好了，还舍不得花钱买酱油吗？

第六节　婚后置换婚前房要小心

我们来思考一下以下场景：

结婚之前，你有一套按揭的房子。由于孩子要上小学，需要学区房。你们想买一套学区房，但你们钱不够。因为，二套房需要七成首付，要560万元，但你们手上只有100万元存款。因此，你们只能卖掉婚前那套按揭房。这样你们就只需要付五成首付400万元。出售婚前那套房子，还掉贷款后，还剩350万元。你们付了学区房的首付400万元后，还剩50万元。

这种就是用婚前房屋在婚后置换的操作。

那么，接下来就是问题了。

⚭ 学区房写谁的名字

1. 写对方名字

学区房写了对方名字，就意味着整套房屋是夫妻共同所有。

出售婚前房屋所得的 350 万元，就转化成共同所有的房产里的价值了。当然，这里面会根据银行流水进行区分。

A. 你把 350 万元直接转给卖家，再从 100 万元存款里拿 50 万元给卖家，那就等于 350 万元转化为房产里的价值，剩余的 50 万元存款则仍然是共同存款。

B. 如果你把 300 万元直接转给卖家，再把那 100 万元存款转给卖家，那就等于 350 万元里的 300 万元转化为房产价值，剩余的 50 万元仍然是婚前房屋的售房款。

C. 如果你把 350 万元和原有的 100 万元存款放在一起，再付给卖家 400 万元，则无法区分剩余的 50 万元是什么性质的。

无论如何操作，最终婚前房屋的大部分个人价值都转化为婚后共同房产了。

2. 写双方名字

学区房写了双方名字，结果跟上述分析是一样的。只是房子写了双方名字，还可以在房产证上区分为共同共有和按份共有。你还有机会在房产证上注明双方各占多少比例。

3. 写自己名字

学区房写了自己名字，则大有不同。大家还记得我在第一章介绍过的一个重要的原则吗？婚前个人财产在婚后发生形态变化不导致所有权发生变化。

婚前按揭房→ 350 万元售房款→学区房

由于学区房仍然写在你名下，因此这部分个人财产的所有权是没有发生变化的。如此，则避免了婚前房屋转化为婚后共同财产。

💍 如何偿还婚前按揭房的贷款

你出售婚前按揭房时，婚后已经还了 5 年贷款，还有 50 万元贷款未还。你要把房屋过户给买家，就必须要涂销抵押，要一次性还完这 50 万元。那么问题来了，大家一般都是收了买家的首付款，然后拿去还贷的。

我就问大家，从买家那里拿了 50 万元首付款，然后去还贷，这 50 万元算个人还贷，还是共同还贷？

大家还记得婚前按揭房在婚后共同还贷部分及对应增值是共同财产吗？你将整套房屋卖出去的时候，里面含有 5 年共同还贷，假设对应的房屋价值为 50 万元。你出售这套房屋得到 450 万元，有 400 万元是你个人的，有 50 万元是共同的。然后你直接拿其中的 50 万元一次性还给银行。

现在，对方会主张这一次性还贷的 50 万元是用了共同的 50 万元，而不是你个人的 400 万元里面的 50 万元。

这样会有什么后果？这就等于你们在婚后又用了 50 万元共同存款，一次性偿还剩余的贷款。这是共同还贷吧？由于房屋升值了 3 倍，所以这 50 万元对应的房屋价值是 150 万元。

对方空手套白狼，这原本的 50 万元一下就变成 150 万元了。

关于这个问题，我跟几位法官进行学术探讨时，有法官认为后面这 50 万元不算共同还贷，有法官认为后面的 50 万元算共同还贷。显然，这个争议是没有定论的。

所以，大家务必要注意，卖房的时候可以通过父母的账户出钱还清按揭款，这样才可以避免争议啊！

第七节　父母出资买房的陷阱

💍 婚前父母出资为子女购房

大家思考一下婚前父母出资的场景，既有单方父母出资，也有双方父母出资；既有写一人名字，也有写两人名字，可分十种情形。面对如此复杂的出资类型，我们如何快速找到判断的规律呢？

《民法典婚姻家庭编的解释（一）》第二十九条第一款［原《婚姻法司法解释（二）》第二十二条第一款］规定："当事人结婚前，父母为双方购置房屋出资的，该出资应当认定为对自己子女的个人赠与，但父母明确表示赠与双方的除外。"

根据这条规定，很容易就可以判断出 a、d 两种情形（见下页图）下均为一方的个人财产。因为房子都写在自己子女名下，明显属于赠与自己的子女。只是在 d 的情形下，婚后可能会存在共同还贷，则婚后共同还贷及对应增值属于共同财产。

婚前父母出资购房的 10 种情形

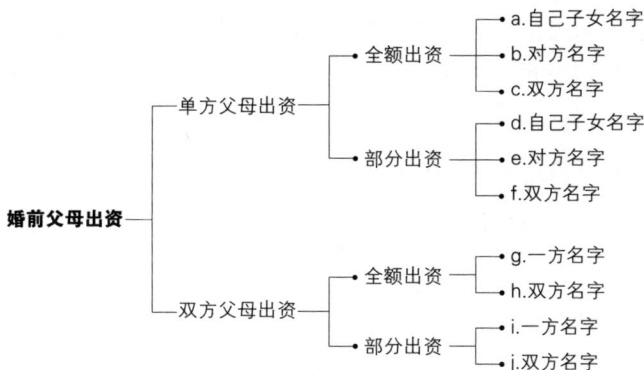

```
                                                   ┌─ a.自己子女名字
                                    ┌─ 全额出资 ──┼─ b.对方名字
                                    │              └─ c.双方名字
                   ┌─ 单方父母出资 ──┤
                   │                │              ┌─ d.自己子女名字
                   │                └─ 部分出资 ──┼─ e.对方名字
                   │                               └─ f.双方名字
  婚前父母出资 ─────┤
                   │                               ┌─ g.一方名字
                   │                ┌─ 全额出资 ──┴─ h.双方名字
                   └─ 双方父母出资 ──┤
                                    │              ┌─ i.一方名字
                                    └─ 部分出资 ──┴─ j.双方名字
```

　　然而，其他八种情形就比较有争议了。父母把钱给了子女，子女买房却登记在对方名下或双方名下。例如，男方父母给了他300万元，这300万元算他的个人存款。但是，当他用300万元个人存款购置了一套房屋，写在女方名下，这算不算男方对女方的赠与呢？如果算的话，房屋就归女方；如果不算，则房屋又该怎么认定份额呢？

　　最高人民法院民一庭解释道："《婚姻法司法解释（二）》第二十二条第一款规定：'当事人结婚前，父母为双方购置房屋出资的，该出资应当认定为对自己子女的个人赠与，但父母明确表示赠与双方的除外。'细究该条文，其明确的仅仅是婚前双方父母的出资归属，并未涉及所购置房屋的所有权归属问题。但既然该出资应认定为对子女的个人赠与，那么子女双方用该赠与资金购买房屋的行为自然等同于个人出资行为。相应地，不管事后子女双方有无婚姻关系，抑或该房屋所有权登记者是谁，都应视为子女双方按各自的出资份额共有该房屋的所有权。"[1]

根据最高法民一庭的观点，不管房屋登记在谁名下，父母出资部分由自己的子女按比例享有份额。即使男方拿了父母300万元付了房屋首付，登记在女方名下，该300万元首付所对应的房屋份额也应该属于男方。在b、c、e、f、g、h、i、j八种情形下，均按各自父母出资的比例来享有房屋份额。

当然，最高法民一庭的观点只是倾向性意见，尚未上升到司法解释的高度，仅有参考价值。时至今日，由于《民法典婚姻家庭编的解释（一）》采用同样的规定，最高法民一庭的解读依然有一定的参考性。在实务中，既有法院按这种观点处理[2]，也有其他处理方式：

1. 把该房屋当作夫妻共同财产，分割房产时把300万元的出资款扣除给男方。[3] 在这种处理方式下，假设房屋值600万元，剩余贷款100万元，房子判给男方，则男方补偿女方100万元 [（600-100-300）/2]。若房子判给女方，则女方补偿男方400万元 [300+（600-100-300）/2]。

2. 把该房屋当作夫妻共同财产，如有约定按份共有，则按比

1　见《最高人民法院婚姻法司法解释（三）理解与适用》第124页，最高人民法院民事审判庭第一庭编著，人民法院出版社，2011年8月版。

2　参考案例：北京市第二中级人民法院（2015）二中民终字第05777号民事判决书，来源于中国裁判文书网。

3　参考案例：上海市第二中级人民法院（2009）沪二中民一（民）终字第3873号，来源于中国裁判文书网。

例分割；如没有约定，则当作共同共有，出资方可适当多分。[1]

3. 以结婚为目的，没有证据证明明确归登记方个人所有，一般按夫妻共同财产处理。[2]

婚前父母出资购房的 10 种后果

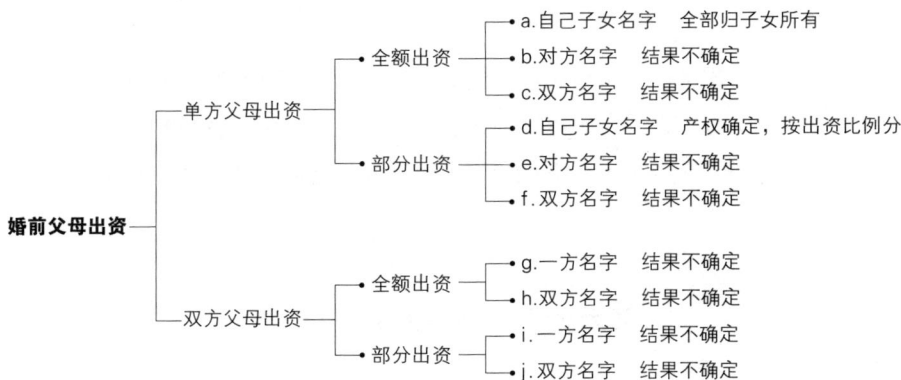

婚前父母出资
- 单方父母出资
  - 全额出资
    - a. 自己子女名字　全部归子女所有
    - b. 对方名字　结果不确定
    - c. 双方名字　结果不确定
  - 部分出资
    - d. 自己子女名字　产权确定，按出资比例分
    - e. 对方名字　结果不确定
    - f. 双方名字　结果不确定
- 双方父母出资
  - 全额出资
    - g. 一方名字　结果不确定
    - h. 双方名字　结果不确定
  - 部分出资
    - i. 一方名字　结果不确定
    - j. 双方名字　结果不确定

1　《上海市高级人民法院关于审理婚姻家庭纠纷若干问题的意见》第 13 条：夫妻一方婚前出资购置房屋，权利登记在双方名下的，为夫妻双方共有财产。如未约定按份共有，可认定共同共有，但在离婚分割该房产时，出资一方可适当多分。

《深圳市中级人民法院关于婚姻家庭纠纷案件的裁判指引（2014 修订）》第二十六条：夫妻一方婚前出资购买房产，登记在夫妻双方名下，如双方未对该房产作出特别约定，应认定该房产为夫妻共同所有，但在离婚分割该房产时，出资一方可适当多分。

2　广东高院《全省民事审判工作会议纪要》（粤高法〔2012〕240 号）第 65 条：以结婚为目的，夫妻一方婚前个人出资购买的房屋登记在另一方名下，如果没有证据证明出资方明确表示归登记一方个人所有，离婚时对该房屋一般应按夫妻共同财产处理。

由此可见，婚前父母出资购房非常容易引起争议，属于婚姻安全中必须要解决的问题。我强烈建议通过书面约定出资金额、资金来源、资金性质（赠与或借款）、房屋所有权比例、房贷承担比例。如此约定，既符合男女平等协商的理念，也锁定了相关事实，杜绝漏洞。

💍 婚后父母出资为子女购房

大家思考一下婚后父母出资的场景，既有单方父母出资的，也有双方父母出资的；既有写一人名字的，也有写两人名字的，可分10种情形。面对如此复杂的出资类型，我们如何快速找到判断的规律呢？

婚后父母出资购房的 10 种情形

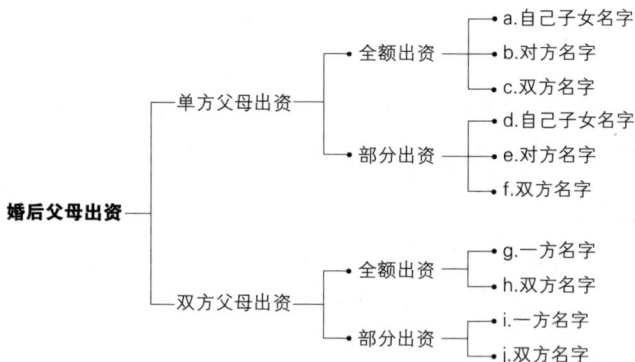

《民法典》实施前，婚后父母出资为子女购房

在《民法典》实施之前，判断婚后父母出资购房的财产性质，主要有两条法律依据。

《婚姻法司法解释（二）》第二十二条第二款规定："当事人结婚后，父母为双方购置房屋出资的，该出资应当认定为对夫妻双方的赠与，但父母明确表示赠与一方的除外。"

《婚姻法司法解释（三）》第七条规定："婚后由一方父母出资为子女购买的不动产，产权登记在出资人子女名下的，可按照婚姻法第十八条第（三）项的规定，视为只对自己子女一方的赠与，该不动产应认定为夫妻一方的个人财产。由双方父母出资购买的不动产，产权登记在一方子女名下的，该不动产可认定为双方按照各自父母的出资份额按份共有，但当事人另有约定的除外。"

根据上述规定，在实务中以下情形是没有争议的：

1. 在 a 情形里，单方父母全额出资，写自己子女名字，属于《婚姻法司法解释（三）》第七条第一款规定，属于对自己子女的赠与，是个人房产。

2. 在 b、c、e、f 情形里，因登记对方名字或双方名字，明显不属于为自己子女购买房子，只能适用《婚姻法司法解释（二）》第二十二条第二款规定，属于对夫妻双方的赠与，是夫妻共同房产。

3. 在 g 情形里，由双方父母全额出资，写一方子女名字，属于《婚姻法司法解释（三）》第七条第二款规定的情形，故按出资比例享有份额。

4. 在 h 情形里，由双方父母出资，写双方名字，明显不属于《婚姻法司法解释（三）》第七条第二款规定，只能适用《婚姻法司法解释（二）》第二十二条第二款规定，属于对夫妻双方的赠与，是夫妻共同房产。

5. 在 j 情形里，虽是部分出资，但不是一方父母出资，且不写在一方子女名下，不属于《婚姻法司法解释（三）》第七条第一款和第二款规定，只能适用《婚姻法司法解释（二）》第二十二条第二款规定，属于对夫妻双方的赠与，是夫妻共同房产。

实务中，产生巨大争议的就是 d 和 i 情形里的"父母部分出资"。这种部分出资，算不算出资为子女购买不动产？你们别小看"为双方购房出资"和"出资为子女购房"的表述差异。就是因为这种表述上的不统一，导致了不同的理解。

就最高法民一庭而言，前后就出现过两种不同的观点。

其在《最高人民法院婚姻法司法解释（三）理解与适用》一书中认为部分出资也属于"出资为子女购房"[1]。那么 d 情形里，父母部分出资就会被视为婚后对自己子女的赠与，该部分出资所对应的房屋份额为个人财产。

随后，其在 2012 年和 2013 年的《民事审判指导与参考》民事审判问答信箱里又改变了看法，认为只有在父母全额出资购房的情况下，才属于"出资为子女购房"。此时，在 d 情形里，父母部分出资就会被视为婚后对夫妻双方的赠与，该部分出资所对应房屋份额为夫妻共同财产。北京市高级人民法院的司法解释也采纳了这种观点。2015 年，最高法民一庭第二合议庭在《民事审判指导与参考》

1　"在父母只支付不动产部分价款且不动产登记在出资人子女名下的情形下，则根据本条的立法原意，该部分出资亦应视为对自己子女一方的赠与。既然父母的该部分出资属于其子女一方的个人财产，那么其子女以该个人财产出资购买房屋时，根据本司法解释第十条关于离婚时一方婚前贷款所购不动产的处理的规定，亦应认定该不动产为夫妻一方的个人财产。只不过在以夫妻共同财产还贷的情形下，离婚时应给予另一方补偿。"见《最高人民法院婚姻法司法解释（三）理解与适用》第 122 页，最高人民法院民事审判庭第一庭编著，人民法院出版社，2011 年 8 月版。

第 64 期发表的《关于 2012—2014 年离婚案件相关情况的调查分析报告》中认为，从有利于保护妇女权益角度来说，也应采用此种处理方式。

在 d 情形里，实务中还有第三种处理方式。离婚时该房屋属于夫妻共同财产，父母出资的那部分款项属于对自己子女的赠与，但相应的增值部分应按照夫妻共同财产予以处理。即父母出资 100 万元首付，该首付升值到 150 万元，里面有 100 万元是个人的，50 万元是共同的。

鉴于"父母部分出资"的理解存在争议，在 i 情形里，究竟是按出资比例享有份额，还是视为共同共有，亦随之产生争议。

以上分析均建立在双方没有明确约定房产份额和父母没有明确赠与对象的前提下。

由此可见，婚后父母出资购房也非常容易引起争议，属于婚姻安全中必须要解决的问题。建议通过书面约定出资金额、资金来源、资金性质（赠与或借款）、房屋所有权比例、房贷承担比例。如此约定，既符合男女平等协商的理念，也锁定了相关事实，杜绝漏洞。

如不愿意双方书面约定，至少在 d 和 i 的两种情形下，单方书面明确该资金是否赠与自己的子女，同时在公证处公证。

《民法典》实施前，婚后父母出资为子女购房的大漏洞

前边的思维导图里隐藏着一个惊天大漏洞，非常难发现。

现在很多人知道在 a 情形下，房子就是出资方子女的个人财产，与另一方无关。大部分年轻人结婚的时候自己没有钱购房，钱来自父母，富二代的婚姻更是如此。而未出资方根本不知道这些钱来自谁，离婚的时候对方拿出父母转账的凭证，才会知道全部都是对方父母出资，即 a 情形。所以，有些女性朋友要求男方

《民法典》实施前婚后父母出资购房的 10 种后果

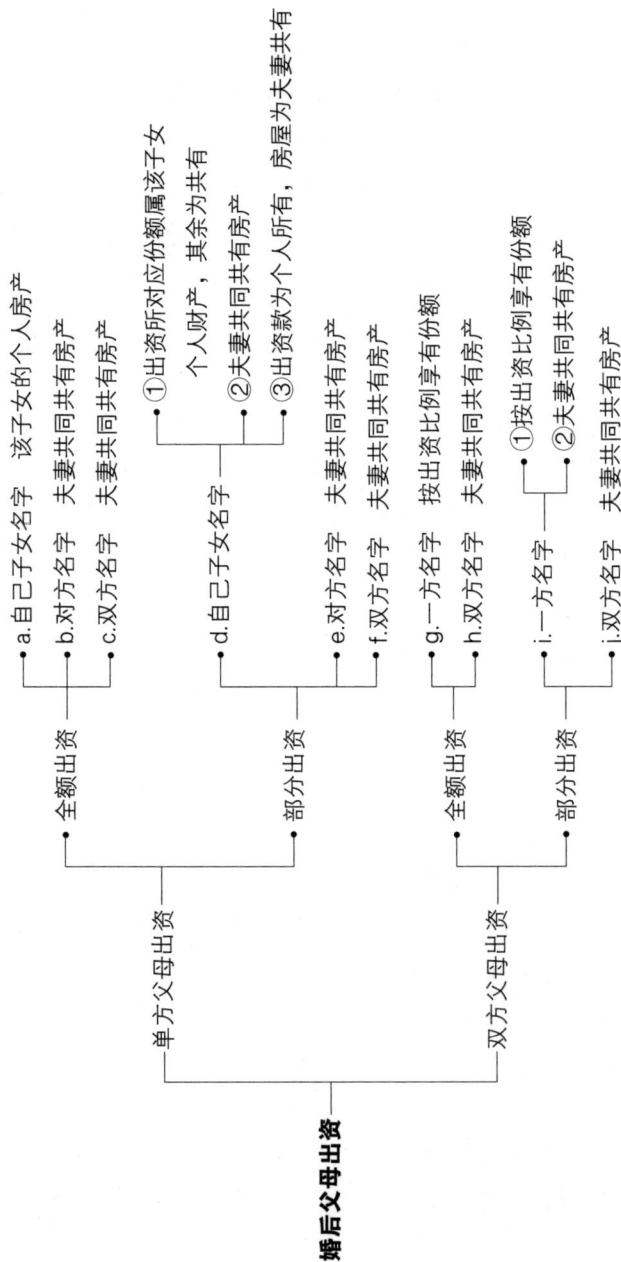

```
婚后父母出资
    │
    ├── 单方父母出资
    │       │
    │       ├── 全额出资
    │       │       ├── a.自己子女名字 ── 该子女的个人房产
    │       │       ├── b.对方名字 ── 夫妻共同共有房产
    │       │       └── c.双方名字 ── 夫妻共同共有房产
    │       │
    │       └── 部分出资
    │               ├── d.自己子女名字 ──┬── ①出资所对应份额属该子女
    │               │                    │      个人财产，其余为共有
    │               │                    ├── ②夫妻共同共有房产
    │               │                    └── ③出资款为个人所有，房屋为夫妻共有
    │               ├── e.对方名字 ── 夫妻共同共有房产
    │               └── f.双方名字 ── 夫妻共同共有房产
    │
    └── 双方父母出资
            │
            ├── 全额出资
            │       ├── g.一方名字 ── 按出资比例享有份额
            │       └── h.双方名字 ── 夫妻共同共有房产
            │
            └── 部分出资
                    ├── i.一方名字 ──┬── ①按出资比例享有份额
                    │                └── ②夫妻共同共有房产
                    └── j.双方名字 ── 夫妻共同共有房产
```

在婚后买房时房产证上写上自己的名字。这样就会变成 b 情形，房子成为夫妻共同财产。

然而，男方的父母也会担心子女离婚。于是，他们利用 g 和 b 情形的隐藏区别来建立防火墙。

女方不是想要买一套房子吗？不是要加名字吗？好，干脆房子名字都写你女方算了。原本说好这套房子由男方父母全额出资 500 万元，若男方让女方父母出 20 万元用于装修——此时，女方一般也会答应，这简直太值了——男方拿到钱后，并没有用于装修，而是把这 20 万元加上父母的 480 万元用于付房款。这样就变成男方父母出资 96%，女方父母出资 4%。

大家发现区别了没有？这就由原来的 b 情形变成 g 情形。结果就是男方占有 96% 的产权，女方占有 4% 的产权。

《民法典》实施前 b 和 g 情形下的后果对比

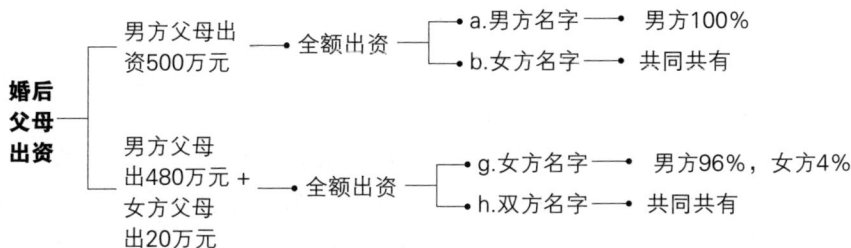

这是极端反常识的！

房子同样写上女方名字，b 情形里男方父母出资 100%，男方只分到 50%；而 g 情形里男方父母出资 96%，男方就按出资份额分到 96%。

这是什么道理？根本没有道理，好吗！男方父母钱出得多了，男方反而份额越少了。对此，破解建议就是房屋登记为两人名字，变成 h 情形，即可保持为夫妻共同共有。

《民法典》实施后，婚后父母出资为子女购房

2021 年 1 月 1 日，《民法典》实施后，判断婚后父母出资购房的归属，就只有一条法律依据了：

《民法典婚姻家庭编的解释（一）》第二十九条第二款规定："当事人结婚后，父母为双方购置房屋出资的，依照约定处理；没有约定或者约定不明确的，按照民法典第一千零六十二条第一款第四项规定的原则处理。"

根据该规定，父母出资，首先要看约定，其次才进行法律推定。即：

一、父母和夫妻双方约定为借款的，则房屋 a—j 的十种情形均为夫妻共同财产。

二、无论是一方父母出资，还是双方父母出资，只要约定了份额，则双方按照约定享有房屋份额。这个约定既可以是房产证上按份共有的比例，也可以是书面约定。

三、如果没有约定或约定不明确时，则：

（一）父母声明或公证将出资款赠与个人。

由于 a 情形下出资款为个人赠与，出资款转为房屋后，房屋依然为个人财产；同理，由于 d 情形下，部分出资款为个人赠与，该部分出资款转为房屋份额后，对应的房屋份额为个人财产。而剩余的八种情形下，尽管父母将出资款赠与个人，但转化为房屋时，房屋是对方名字或双方名字，房屋的归属产生新的变化，即变化为共同财产，至于出资款如何分割，则会存在争议。在实务中，既然父母已经对出资款做了个人赠与声明，却不对房屋份额进行约定，十分让人费解，还不如直接约定为借款来得干脆。

（二）没有个人赠与声明，视为对双方的赠与。显然，如没有明确的个人赠与声明或公证时，a—j 的十种情形均为夫妻共同共有的财产。

然而，当房屋只写了自己子女名字，即 a 和 d 的情形，此时，能否把这种登记行为视为父母和子女直接的约定，只赠与自己的子女呢？从法条的字面意思上看，其实不应视为有具体约定。但最高人民法院民一庭郑学林、刘敏、王丹三位法官认为："在一方父母出全资并且在购买不动产后将不动产登记在自己一方子女名下的，考虑到物权法已经实施多年，普通民众对不动产登记的意义已经有较为充分的认识，在出资后将不动产登记在自己一方子女名下，认定为是父母将出资确定赠与给自己子女一方的意思表示，符合当事人本意，也符合法律规定的精神。"[1]他们认为父母全额出资情况（a 情形）下属于个人赠与，房屋归个人所有。由于这只是最高人民法院法官的个人读解，基层法院具体审理案件时未必会参照理解，可能会产生同案不同判的情形。

从《民法典》的新规上看，婚后父母为子女出资购房，其实很容易被推定为对双方的赠与。以中国人谈钱伤感情的传统，会产生较多第三点第（二）项里的婚后共同房产。

对此，我的建议是父母婚后出资购房，依然要考虑进行书面约定或在房产证上注明按份共有的比例，以减少产权的不确定性，增加婚姻财产的安全性。况且，我们也无法预测最高人民法院会出台第二个、第三个司法解释，对婚后父母出资的房产归属进行技术性调整。正如 2011 年的《婚姻法司法解释（三）》，给许多人来了个措手不及。

1　见《〈关于适用民法典婚姻家庭编的解释（一）〉若干重点问题的理解与适用》，郑学林、刘敏、王丹著，《人民司法》2021 年第 13 期。

《民法典》实施后婚后父母出资购房的后果

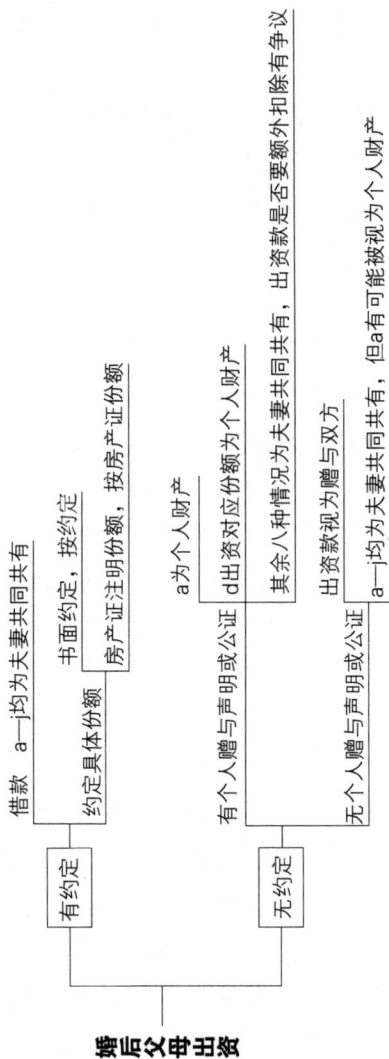

婚后父母出资
├─ 有约定
│   ├─ 借款 ── a——均为夫妻共同共有
│   └─ 约定具体份额
│   ├─ 书面约定，按约定
│   └─ 房产证注明份额，按产证份额
└─ 无约定
    ├─ 有个人赠与声明或公证 ── a为个人财产
    │   ├─ d出资对应份额为个人财产
    │   └─ 其余几种情况为夫妻共同共有，出资款是否要额外扣除有争议
    └─ 无个人赠与声明或公证
        ├─ 出资款视为赠与双方
        └─ a——均为夫妻共同共有，但a有可能被视为个人财产

第四章

个人财产 / 共同财产

第一节　区分夫妻财产五大通用技巧

尽管在不动产等特殊财产归属上，规则十分复杂，但是大部分财产的归属都可通过一些通用的技巧来判断。对于老百姓而言，不可能事事问律师，所以有必要掌握一些技巧。

💍 一方婚前的财产归个人所有

一方婚前的财产归个人所有，是判断财产归属的重要通用规则。这里面有三个元素需要注意：

1.婚前指的是结婚登记之前，以结婚证上的时间为准。但这存在两个例外：

a.事实婚姻。此处的婚前指具有事实婚姻关系之前，主要以摆结婚喜酒为标志；

b. 双方以夫妻名义共同生活一段时间后补办结婚证。[1] 比如，2013 年男女双方在农村摆喜酒，共同生活，并生育了儿子，其间男方做小生意赚了 30 万元，直至 2016 年才补办结婚证。虽然结婚证上的时间为 2016 年，但结婚时间会倒推到 2013 年。男方账户里的 30 万元就是婚后财产，而不是婚前财产。这个是非常隐秘的规则，在实务中运用起来，结果往往出人意料。

2. 财产在一方名下。比如，车子是自己的名字，存款在自己账户里，公司股权写自己的名字，字画、金器在自己手里等。

3. 对方没有出资。如果对方有出资，就不是那么容易判断了。既有可能是借款，也有可能是赠与，也有可能是合伙投资，要具体情形具体分析。

💍 婚后取得的财产归共同所有

《民法典》第一千零六十二条规定："夫妻在婚姻关系存续期间所得的下列财产，归夫妻共同所有：（一）工资、奖金、劳务报酬；（二）生产、经营、投资的收益；（三）知识产权的收益；（四）继承或者受赠的财产，但是本法第一千零六十三条第三项规定的除外；（五）其他应当归共同所有的财产。"

1. 婚后取得的财产，首先推定为共同财产。

以彩礼和嫁妆为例，按照习俗均是对女方的个人赠与，是女方的个人财产。但是，若女方结婚登记后才收到这些财产，存放

---

1 《民法典婚姻家庭编的解释（一）》第六条：男女双方依据民法典第一千零四十九条规定补办结婚登记的，婚姻关系的效力从双方均符合民法典所规定的结婚的实质要件时起算。

在银行账户里，离婚时，男方主张这些存款均为夫妻共同财产，则女方需要证明这些存款是嫁妆和彩礼。若女方证明不了，法院就会按共同财产分割。

2. 婚后接受的赠与和继承所得财产，先推定为共同财产。

结婚后，夫妻双方可能会得到父母的资助，也可能会继承父母的财产。通过这两种方式取得的财产，会被推定为共同财产。除非父母在赠与合同、遗嘱中确定只归丈夫或妻子一方所有。一般需要去公证处公证，以免除将来繁重的证明责任。

💍 个人专用生活用品归个人所有

在分手或离婚时，有些人连当初送的手机、戒指都想要回去，算得非常彻底。那么，这类财产是否能分割呢？这就要借助"个人专用生活用品"的概念了。

根据《民法典》第一千零六十三条规定，个人专用生活用品归个人所有。其重点在于对"个人专用"和"生活用品"的理解。

所谓"个人专用"是指长期由某一方使用，或者根据物品的属性只能由某一方使用。比如，女性专用的衣服、化妆用品、男士手表、一方长期使用的手机，等等。

所谓"生活用品"是日常生活中使用的物品，与贵重物品、奢侈品、车辆等价值较大的财产相对应。

实务中，大家不会主张分割价值不大的生活用品。而一旦生活用品价值较大，就有可能主张分割。比如，在某明星的离婚案中，男方主张分割女方持有的多个名牌手提包。这才是实务的难点。在某法院审理的一起离婚案中，男方主张分割女方长期使用的两个某名牌女式手提包，女方认为那属于个人专用生活用品，而法院则认为名牌手提包属于奢侈品，财产价值较大，不宜纳入女方的个人专用生活用品范畴。[1]

在离婚案中，戒指、项链、耳环等首饰金器，也是常见的争议焦点。一些法院认为首饰金器属于女方的个人专用生活用品[2]，不应分割。如在另一人民法院审理的一起离婚案中，婚后购买的戒指、耳钉、项链，法院认为属于个人财产。[3]有些法院则认为该类财产价值较大，不宜归纳为个人专用生活用品，应予分割。[4]

对于手表的认定，同样争议较大。有些法院把1万元人民币以下的小品牌手表认定为个人财产[5]，有些法院则把价值几万元人民币的大品牌手表认定为共同财产。[6]

总之，法院在认定该类财产时，会从其"用途"和"价值"两方面进行判断。然而，离婚时难以证明该类物品是否仍然存在、在谁手上以及价值如何，最终难以分割。因该类财产容易丢失、隐匿，不宜在婚姻里配置过多这类财产。

---

1 见上海市浦东新区人民法院（2017）沪0115民初1301号民事判决书，来源于无讼案例。

2 如：靖宇县人民法院（2011）靖民一初字第153号离婚纠纷案、黄骅市人民法院（2016）冀0983民初2975号等，来源于无讼案例。

3 如：靖宇县人民法院（2011）靖民一初字第153号离婚纠纷案、黑龙江省高级人民法院（2016）黑民申1519号离婚再审纠纷案，来源于无讼案例。

4 见广州市中级人民法院（2013）穗中法民一终字第1168号离婚纠纷案，来源于无讼案例。

5 见上海市浦东新区人民法院（2013）浦民一（民）初字第28174号离婚纠纷案，来源于无讼案例。

6 见吉林市中级人民法院（2016）吉02民终324号，来源于无讼案例。

⚭ 因身体受伤获得的赔偿归个人所有

根据《民法典》第一千零六十三条规定，一方因身体受到伤害获得的赔偿或补偿归个人所有，如医疗赔偿、工伤赔偿、伤残赔偿金、商业保险给付等。由于这些费用均是对个人身体受伤的赔偿，具有个人的人身属性，属于个人财产。

⚭ 婚前财产在婚后的收益原则上归共同所有

关于婚前财产在婚后产生的收益，大家可以思考一下以下场景：

1. 婚前 100 万元定期存款在婚后到期，产生 5 万元利息。

2. 婚前 100 万元市值的股票，在离婚时市值变成 150 万元。

3. 婚后，家里的母牛生了小牛。

4. 婚前种植在农场里的荔枝，在婚后收成，卖了 5 万元。

5. 婚前市值 300 万元的房屋，离婚时市值变成 500 万元。

6. 婚前投资的工厂，在结婚 3 年后产生 200 万元收益。

7. 婚前投资 300 万元到某公司，在结婚 5 年后该公司上市，股票市值涨到 3000 万元。

这些场景里，婚前的财产都在婚后产生收益。这部分婚后收益，究竟是个人财产，还是共同财产？此时，我们就要引入一条非常重要的规则——婚前财产在婚后产生的收益，除孳息和自然增值外，均属于夫妻共同财产。[1]

1　《民法典婚姻家庭编的解释（一）》第二十六条［原《婚姻法司法解释（三）》第五条］：夫妻一方个人财产在婚后产生的收益，除孳息和自然增值外，应认定为夫妻共同财产。

运用这条规则的重中之重在于理解和识别"孳息和自然增值"。

何为孳息和自然增值? 孳息分为天然孳息和法定孳息。

天然孳息是指"依照物的自然性质而产生的收益物"。[1]包含三个要素:(1)原物须为有体物;(2)孳息的产生主要是自然因素;(3)孳息可以与原物分离。果树产出的水果,水稻产出的稻谷,鸡生下的鸡蛋,母牛产下的小牛……这些均是典型的天然孳息。第3个场景中家里的母牛在婚后生了小牛,就是典型的自然孳息。

法定孳息是依照法律规定产生的收益物。[2]如存款利息、借款利息、股票分红等。第1个场景中100万元定期存款在婚后产生5万元利息就是典型的法定孳息。

自然增值是指夫妻未投入任何时间、智力、金钱、劳动等,而仅由市场因素导致的财产增值。最高法民一庭在民事审判问答信箱里指出:"自然增值是指该增值的发生是因通货膨胀或市场行情的变化而致,与夫妻一方或双方是否为该财产投入物质、劳动、努力、管理等无关。"[3]这有助于我们区分"自然增值"和"主动增值"。

第5个场景里的房屋在婚后升值到500万元,完全由市场行情的变化所致,是典型的自然增值。然而,在第2、4、6、7个场景里,就不是那么好判断了。此时,我们要借助"投资""生产经

1　见《最高人民法院婚姻法司法解释(三)理解与适用》第96页,最高人民法院民事审判第一庭编著,人民法院出版社,2011年8月第1版。

2　同上。

3　见《民事审判指导与参考》总第59辑民事审判问答信箱,人民法院出版社,2015年5月版。

营"和"主动增值"等元素。

以第 4 个场景为例，农场里的荔枝，如果只有几棵树，婚后听之任之，由其自然开花结果，那么荔枝果就是自然孳息。如果农场里有数亩荔枝树，婚后显然需要浇水、施肥、除草、杀虫、摘叶，需要一方或双方投入资金、劳动，实为家庭承包生产经营。所产生的荔枝收成，便是《民法典》第一千零六十二条所指的生产经营收益，属于夫妻共同财产。

同理，以第 6、7 个场景为例，一方在婚前对一家公司投入资金，成为该公司股东，如果参与了公司经营，显然会被认定为婚后生产经营。如果其没有进行实质的管理经营，则有可能因为婚后没有"投入"，股权的增值视为自然增值。但若换一个视角，该公司由其他股东经营管理，还有资本运作等元素，公司股权的增值显然不是"因市场行情"而发生的价格变动，而是一种主动增值、人为增值。一方以婚前个人财产投入该公司的行为，亦大有可能被认定为投资行为。根据《民法典婚姻家庭编的解释（一）》第二十五条[1]规定，一方以个人财产投资取得的收益属于共同财产。

以第 2 个场景为例，婚前购买的 100 万元市值股票，在离婚时市值变成 150 万元，增值了 50 万元。那么，我们就要看他在婚后是否操作过该账户，如高卖低买，又或者卖出股票后，再买

---

1 《民法典婚姻家庭编的解释（一）》第二十五条［原《婚姻法司法解释（二）》第十一条］：婚姻关系存续期间，下列财产属于民法典第一千零六十二条规定的"其他应当归共同所有的财产"：（一）一方以个人财产投资取得的收益；（二）男女双方实际取得或者应当取得的住房补贴、住房公积金；（三）男女双方实际取得或者应当取得的基本养老金、破产安置补偿费。

入其他股票。如果没有操作过，那么股票的增值就完全跟股票市场行情有关，属于自然增值。如果操作过，就很有可能会被视为投资行为，投入了智力劳动，是一种人为增值。尤其当一方以炒股谋生时，股票的收益就是非常明显的投资所得，属于共同财产。[1]

由此引发的以下婚姻安全问题，也非常值得大家重视：

1. 婚前投资的公司，是否要避免参与经营，是否要签署婚前协议。尤其投资者对公司将来抱有风投、上市期待，签婚前协议势在必行。

2. 婚前购买的股票，是否在婚后进行操作，要三思。

3. 婚后用个人存款购买自住以外的房屋，也有可能会被视为投资，房屋增值部分就有可能是共同财产。

⚭ 个人财产不因婚后的形态变化而成为共同财产

大家思考下以下场景：

1. 婚前有一笔 20 万元的存款，婚后用来买车了。

2. 把婚前一套房屋出售，再买另外一套房屋。

3. 把婚前持有的股票抛售得 50 万元。

4. 由于婚前的车辆发生交通事故，获得 5 万元赔偿，并出售车辆得 15 万元。

这些由婚前某个特定财产转为金钱，随后又转化为其他特定

---

1 见佛山市禅城区人民法院〔2015〕佛城法樵民初字第 22 号离婚纠纷案，来源于中国裁判文书网。

财产，就是财产的形态发生变化。我在第一章里曾经提过这个规则，这些形态变化本身不会改变财产的归属。最高法民一庭认为，当事人以生产、经营之外的其他方式使用自己的婚前个人财产，即使该财产的形式因此发生了变化，不会导致上述财产所有权及其自然增值归属的变化。[1]

然而，大家需要注意的是：

1. 不能以生产、经营、投资的方式使用个人财产。比如，用于股票、期货投资，用于开公司经营。因为这样会导致增值部分属于共同财产。

2. 不能通过过户、加名等方式产生赠与效应。比如，婚后置换的房屋写了对方或双方名字。

1　见《民事审判指导与参考》2013 年第 1 期（总第 53 辑），人民法院出版社，2013 年 7 月第 1 版。

第二节　个人房屋在婚后产生的租金

很多人在结婚之前就按揭买了房子，买的时候房价比较低，所以每个月的按揭款也很低。

比如，2015 年按揭款每月 3500 元，2017 年出租时也可以高达 3500 元 / 月，正好以租养贷。有些人在结婚之前就按揭了好几套房子，全都是以租养贷。

那么，结婚之后用租金来偿还按揭款，会面临什么问题？

根据《民法典婚姻家庭编的解释（一）》第七十八条［原《婚姻法司法解释（三）》第十条］规定，婚后用共同财产还贷，那么还贷的款项及对应的增值都是夫妻共同财产，在离婚的时候要补偿对方一半。比如，婚后共同还贷 20 万元，占总房价的 20%。离婚时房屋价值是 300 万元，那么就要补偿对方 10%，即 30 万元。如果婚后用的是个人财产还贷，那么离婚时就不需要补偿对方。

婚后的租金究竟是共同财产还是个人财产？

上一节提到，婚前个人财产在婚后产生的收益，除了孳息和自然增值外，都属于夫妻共同财产。在民法理论上，租金是房屋使用权的转化，应属于孳息。但是，我们国家法律并没有明确租金究竟是不是孳息。

因此，实务中租金就很容易被认定为婚后收益，成为夫妻共同财产。

若是单套房子，婚后出租一般不需要投入多少劳务，委托中介基本能够完成，存在认定为孳息的可能。

但若是多套房屋出租，甚至是商场、写字楼出租，则客观上会投入很多劳务。出租本身也是一门产业，需要宣传、策划、招租、管理和修缮等。这种不动产出租应当属于经营活动，产生经营性收入。

最高人民法院民一庭在《民事审判指导与参考》第 56 期的指导案例中指出：

一方婚后用个人财产购买房屋，离婚时该房屋属于"个人财产的替代物"，应认定为个人财产，其自然增值也属于个人财产；一方个人所有的房屋婚后用于出租，其租金收入属于经营性收入，应认定为夫妻共同财产。

2018 年，广州市中级人民法院发布了一起涉及 756 万元婚后租金的离婚案件。[1] 在这个案件里，女方把婚前房屋首层分隔为多间小商铺出租，二层至四层为仓库，五层为办公室，在婚后进行出租，共收取了 756 万元租金。男方起诉离婚，要求平均分割该租金。

1　见《婚前有套房，婚后收了租，离婚时 756 万巨额租金怎么分？》,
广州市中级人民法院微信公众号 2018 年 6 月 14 日发布。

主审法官认为，在现实生活中，房屋出租存在两种情况：

一种是普通住宅。一般只需要简单交给中介出租，甚至自行出租，然后定期收取租金即可，不需要为此付出人力物力。因为该类出租物一般租金收入不会很高，大多已用于日常生活的支出，不存在分割的问题。

另一种是用于经营性的出租物业。如某些家具商场、服装商场，该类房屋的出租经营需要进行宣传、策划，需要招租和管理、维修与维护，即需要投入一定的时间、精力和劳动进行管理。简言之，租赁也是一门产业。将该类房屋的租金收入理解为经营性收益更为恰当。

最终法院认为 756 万元租金属于经营性收入，但考虑财产来源于婚前个人，所以女方可分得 2/3 租金，男方可分得 1/3 租金。

如果该案中的女方将 756 万元租金用于购买两套房屋，如今涨到 1500 万元，那么这两套房屋也会被视为共同财产。

由此，婚前房产在婚后产生的租金，引发出两个婚姻安全问题：

1. 以租养贷，共同还贷部分所对应的房屋份额很可能是共同财产。

2. 以租金购置财产，所得的财产同样也可能成为共同财产。

对于只有一两套住宅的人来说，收到的租金数额不大，用于日常生活，最终离婚的时候则不存在分割的问题。

第三节　保险是个人财产吗

我经常听到客户说，他参加保险公司培训得知或听保险经纪人讲，买保险可以转移财产，避免离婚时被对方分割。

实际上，这既可能是保险经纪人讲得不够准确，也可能是客户理解错了。不管怎样，在此有必要给大家普及一下保险在离婚的时候能不能分、该怎么分，希望大家不要再稀里糊涂就掉坑里了。

我们要知道保险包含了哪些财产：

1. 购买保险的时候，缴纳的保险费。

2. 购买保险后，保险费就转化为保险合同中的利益。

3. 保险利益里有保单的现金价值、分红和保险赔偿款。

在法律上，保险的分红被称为"以生存到一定年龄为给付条件的保险金"。比如，每年缴费1万元，缴费10年以后，每隔3年就可以领取5万元，总共可以领取15万元。

保险赔偿款，则在法律上叫作"以被保险人依据意外伤害、生病、死亡为给付条件的保险金"。

比如，夫妻一方买了重疾险，被保险人得了指定范围的某种病，就可以向保险公司理赔。

比如，父亲买了保险，身故受益人是子女。父亲去世后，子女作为受益人可以领取保险赔偿款。

根据最高人民法院《第八次全国法院民事商事审判工作会议纪要》第5条[1]的说法，保险分红属于夫妻共同财产，而保险赔偿款则属于个人财产。

保险公司说买的保险在离婚时不能分割，往往指的是保险赔偿款，而不是保险分红。

然而，在实务中还会出现保险合同尚未到期，既没有保险赔偿款也没有保险分红，但夫妻双方要离婚的情形。

这个时候，保险能不能拿出来分割？

毕竟这份保险是用夫妻共同财产缴费的，保险合同中也有相应的利益，只是还没到期而已。

这一点，在最高人民法院《第八次全国法院民事商事审判工

1　最高人民法院《第八次全国法院民事商事审判工作会议纪要》第5条：婚姻关系存续期间，夫妻一方作为被保险人依据意外伤害保险合同、健康保险合同获得的具有人身性质的保险金，或者夫妻一方作为受益人依据以死亡为给付条件的人寿保险合同获得的保险金，宜认定为个人财产，但双方另有约定的除外。

婚姻关系存续期间，夫妻一方依据以生存到一定年龄为给付条件的具有现金价值的保险合同获得的保险金，宜认定为夫妻共同财产，但双方另有约定的除外。

作会议纪要》第 4 条 [1] 已写得比较明确。该分割的是离婚时保单的现金价值。每份保单，在每一年的现金价值都是确定的，在签订保险合同时就已经计算好，显示在合同上。

通常来讲，保险的现金价值在保险合同的前期相对较低，因为已经先行扣除了大量的管理、营销成本。比如，交了 10 万元保费，可能第二年的现金价值不到 6 万元。从这个角度上讲，可以减少在离婚时分割给对方的钱。当补偿了 3 万元给对方后，这个保险合同利益就全部是自己的了，合同到了分红时，就能连本带利拿回来。

从这个角度上讲，保险确实有一点转移财产的功能。

然而，值得注意的是，如果是在感情恶化阶段，特别是分居、第一次诉讼判不离至第二次离婚诉讼期间，如一方给自己购买大额保险的，另一方可以主张对方擅自处分夫妻共同财产，要求对方根据所交的保费进行补偿。对此法院也是有可能支持的。

所以，到了感情恶化的时候，想通过保险转移大量的存款并不太现实。

当然，如果有一方在感情没有恶化的时候，用了较多财产一次性缴费买了保险，离婚时保险价值并不是很高，另一方可以考虑不在离婚案中分割该保险，离婚后待该保险的现金价值高了之后再另行分割。

1　最高人民法院《第八次全国法院民事商事审判工作会议纪要》第 4 条：婚姻关系存续期间以夫妻共同财产投保，投保人和被保险人同为夫妻一方，离婚时处于保险期内，投保人不愿意继续投保的，保险人退还的保险单现金价值部分应按照夫妻共同财产处理；离婚时投保人选择继续投保的，投保人应当支付保险单现金价值的一半给另一方。

最后，值得注意的是该会议纪要没有明确一点，给未成年子女购买保险的，离婚诉讼中是否要分割呢？

根据司法实践，如果该保险是在感情没有破裂之前就给孩子买的，一般视为双方都知情并同意做出这样的财产安排，离婚时不分割。

如果是在感情恶化阶段，特别是分居、第一次诉讼判不离至第二次离婚诉讼期间，给子女购买大额保险的，另一方可以主张是擅自处分夫妻共同财产，要求根据所交的保费进行补偿，法院对此也有可能支持。

第四节　警惕个人财产转化为共同财产

　　个人财产，不因婚姻关系的延续而转化为夫妻共同财产。理论上，个人财产，将永远是个人财产。事实上，大部分个人财产都在不知不觉间变为共同财产。这无疑是一个非常隐秘的重大安全问题。

◐◑ 财产过户

　　大家可以思考一下以下场景：

　　1. 你因为需要买新车，把婚前旧车过户给妻子。

　　2. 你婚前有 100 万元存款，因为丈夫需要做生意，你转了 100 万元给他。

　　3. 你婚前有一套房屋，婚后将房产证变更为妻子名字。

　　财产过户，实际上是因为财产赠与而变成共同财产。生活中，我们很少见到白纸黑字写明把某项财产赠与对方，大部分赠与是通过实际行动完成的。

以第1、3个场景为例，他们把车辆、房产变更为对方名字，这就是典型的以过户方的实际行动实现赠与效果。

现实生活中，妻子可能会说，当初由于某种原因，如生了儿子，丈夫答应把车辆、房子赠与她个人，是个人财产。在离婚时，丈夫则矢口否认，认为该房屋仍为夫妻共同财产。根据《民法典》第一千零六十五条（原《婚姻法》第十九条）规定，夫妻财产的归属，需要书面方式约定。在没有书面约定的情况下，即使房子和车子都变更登记为妻子一人名字，也不能视为个人财产，只能当作夫妻共同财产分割。

以第2个场景为例，丈夫拿到100万元后，其中有20万元用于个人消费，30万元用于给情人消费，50万元用于发放工资、付场地租金等开支。离婚时，丈夫说100万元已经消耗掉了，不存在了。妻子则认为这100万元是借款，要求丈夫返还。然而，妻子并未跟丈夫订立借款约定。此时，法院会认为这属于妻子对丈夫的资助，无须偿还。如此一来，妻子就非常冤枉了。

💍 财产混同

比"财产过户"更可怕的是"财产混同"，一不留神就进坑了。财产混同是指婚前的财产和婚后的财产混合在一起，已经分不清楚哪些是婚前、哪些是婚后的了。常见高发领域为存款、证券。

女方婚前有20万元存款，存在A账户里。结婚前，男方给她10万元彩礼，也转进A账户。结婚后，女方每个月工资收入，也转入 A 账户。平常生活开支、大额消费、还信用卡都在 A 账户里操作。2 年下来，A 账户里仍然只有 30 万元。此时，你还分得清楚这 30 万元里含有多少婚前存款、多少婚后个人存款吗？

如果女方一开始把 30 万元婚前存款都买了定期理财，每次到期后又立即购买。这样的流水可以清晰显示出 30 万元并没有跟后续的收入混同，平常的开支均来源于婚后的收入。可是，生活中又有多少人能做到这点呢？

若这 30 万元存款发生了混同，女方用这笔存款支付一套房屋的首付，房产证登记自己的名字。5 年后，房子涨了 2 倍，原来的 30 万元首付也就涨到了 60 万元。此时，该首付所对应的房屋价值 60 万元随之成为共同财产。

这是不是很可怕？一个不留神，就亏了 30 万元啊！如果是 300 万元婚前存款呢？那就涨到 600 万元，亏得更多啊！

发生在佛山市的一起离婚案里，女方要求分割男方股票账户里的股票。截至 2015 年 3 月 3 日，男方账户里有以下股票，市值合共 312710 元：

1. 亿利能源股票 100 股（证券代码 600277），证券市值 940 元；

2. 中国人寿股票 6500 股（证券代码 601628），证券市值 229450 元；

3. 中联重科股票 5000 股（证券代码 000157），证券市值 31150 元；

4. 中航飞机股票 100 股（证券代码 000768），证券市值 2622 元；

5. 长江证券股票 2800 股（证券代码 000783），证券市值 40628 元；

6. 北科股票 6000 股（证券代码 400030），证券市值 7920 元。

男方辩称在婚前股票市值就有 1136765 元，现在剩余的股票都是婚前个人财产。

法院则认为：虽然男方婚前已开始投资股票，但婚前的股票现均已卖出，婚后又有财产投入股票账户，婚前、婚后男方股票账户频繁地买入、卖出，且股票资金流动时间长。众所周知，股市有风险，有可能股票某时段严重亏损，后又大幅增值，即使存在股票增值，既可能是婚前所购股票的增值，也可能是婚后投入的财产增值。并且男方在庭审中也陈述婚后股票账户中部分资金已取出用于购房、还贷及家庭生活开支。可见，男方股票账户内的资金在婚前、婚后发生了混同。现男方所持有的股票已无法查实是否属于婚前的个人财产。男方并未能充分证明现有的股票属于个人财产，而夫妻双方婚内财产又未独立分开，故本院认定上述股票为夫妻共同财产，应予分割。[1]

由此可见，若不对婚前存款、股票账户进行单独管理，很容易跟婚后存款发生混同，最终难以辨认。而这个证明责任则落在主张为个人财产的一方，另一方基本上会躺着赢官司。

---

[1] 见佛山市禅城区人民法院（2015）佛城法槎民初字第 22 号离婚纠纷案，来源于中国裁判文书网。

💍 财产约定

根据《民法典》第一千零六十五条[1]的规定，在不离婚的情况下，夫妻双方可以就婚前财产、婚后财产进行约定，从而明确财产归属。这种约定必须采用书面方式，否则没有效力。显然，这是双方摆在桌面上协商的结果。主要的风险并不在拥有个人财产的一方，而在获得对方个人财产份额的一方。

因为，《民法典婚姻家庭编的解释（一）》第三十二条[2]还规定了夫妻一方把个人房产赠与另一方所有或共有，在办理过户之前，可以任意撤销。

把这两条规定放在一起，就很容易出现争议了。请大家思考一下以下场景：

1. 夫妻约定各自名下的存款归各自所有。

2. 夫妻约定婚后一套共同共有的房子归妻子单独所有，由于按揭尚未还清，无法过户。

---

1 《民法典》第一千零六十五条：男女双方可以约定婚姻关系存续期间所得的财产以及婚前财产归各自所有、共同所有或者部分各自所有、部分共同所有。约定应当采用书面形式。没有约定或者约定不明确的，适用本法第一千零六十二条、第一千零六十三条的规定。

夫妻对婚姻关系存续期间所得的财产以及婚前财产的约定，对双方具有法律约束力。

夫妻对婚姻关系存续期间所得的财产约定归各自所有，夫或者妻一方对外所负的债务，相对人知道该约定的，以夫或者妻一方的个人财产清偿。

2 《民法典婚姻家庭编的解释（一）》第三十二条：婚前或者婚姻关系存续期间，当事人约定将一方所有的房产赠与另一方或者共有，赠与方在赠与房产变更登记之前撤销赠与，另一方请求判令继续履行的，人民法院可以按照民法典第六百五十八条的规定处理。

3. 夫妻约定把丈夫婚前个人所有的房子归妻子所有或共有，由于婚后向银行抵押贷款做生意，现在无法过户。

若干年后，他们要离婚。妻子说，根据《民法典》第一千零六十五条规定，这属于夫妻财产约定，签字就生效，不得反悔。丈夫则说，这是财产赠与，房子尚未过户，可以反悔。

第1种情形，由于存款已经在各自名下了，无论是财产约定，还是赠与，均可视为"过户"（法律上动产权利转移叫交付），不能撤销。

第2种情形，丈夫实际上是将共同共有的财产约定为妻子个人所有；第3种情形，丈夫把个人房产约定为妻子个人所有。不难看出，这里面均有不同程度的"赠与"成分。若视为财产赠与，则可以任意撤销；若视为财产约定，则不能撤销。两字之差，天渊之别。这也是目前司法实践争论不休的原因。

而《民法典》司法解释的出台，采用非常明确的表述——将一方所有的房产赠与另一方或共有。可见，只有"个人财产"才有必要约定为"共有"，因此这里"一方所有的房产"就明确指向于一方的个人财产，而非夫妻共同财产。因此，上述第2种情形不属于赠与，不能任意撤销。而第3种情形，属于《民法典》司法解释明确所指的赠与。

为了规避这种风险，夫妻之间的财产约定，尤其是房产归属，建议到公证处公证。因为，经过公证的赠与合同[1]，即使尚未过户，也不能任意撤销。

---

1 《民法典》第六百五十八条：赠与人在赠与财产的权利转移之前可以撤销赠与。经过公证的赠与合同或者依法不得撤销的具有救灾、扶贫、助残等社会公益、道德义务性质的赠与合同，不适用前款规定。

☉ 财产出售

婚姻关系存续期间，一方把个人财产出售，本身不会导致所有权变化。但在很多情况下，个人财产多变为共同财产，都是从出售财产开始的。

为何？因为能够拿出来出售的财产，都是特定物，即具体某辆车、某套房屋、某个公司股权等。出售所得就变成存款，这就是种类物，且是非常特殊的种类物——货币。

手上有了存款后，就很容易发生存款混同，也容易把存款交给对方管理，还会为对方购置其他财产。经过一系列不引人注意的操作后，这些存款就可能转为其他共同财产。

夫妻财产区分规则思维导图

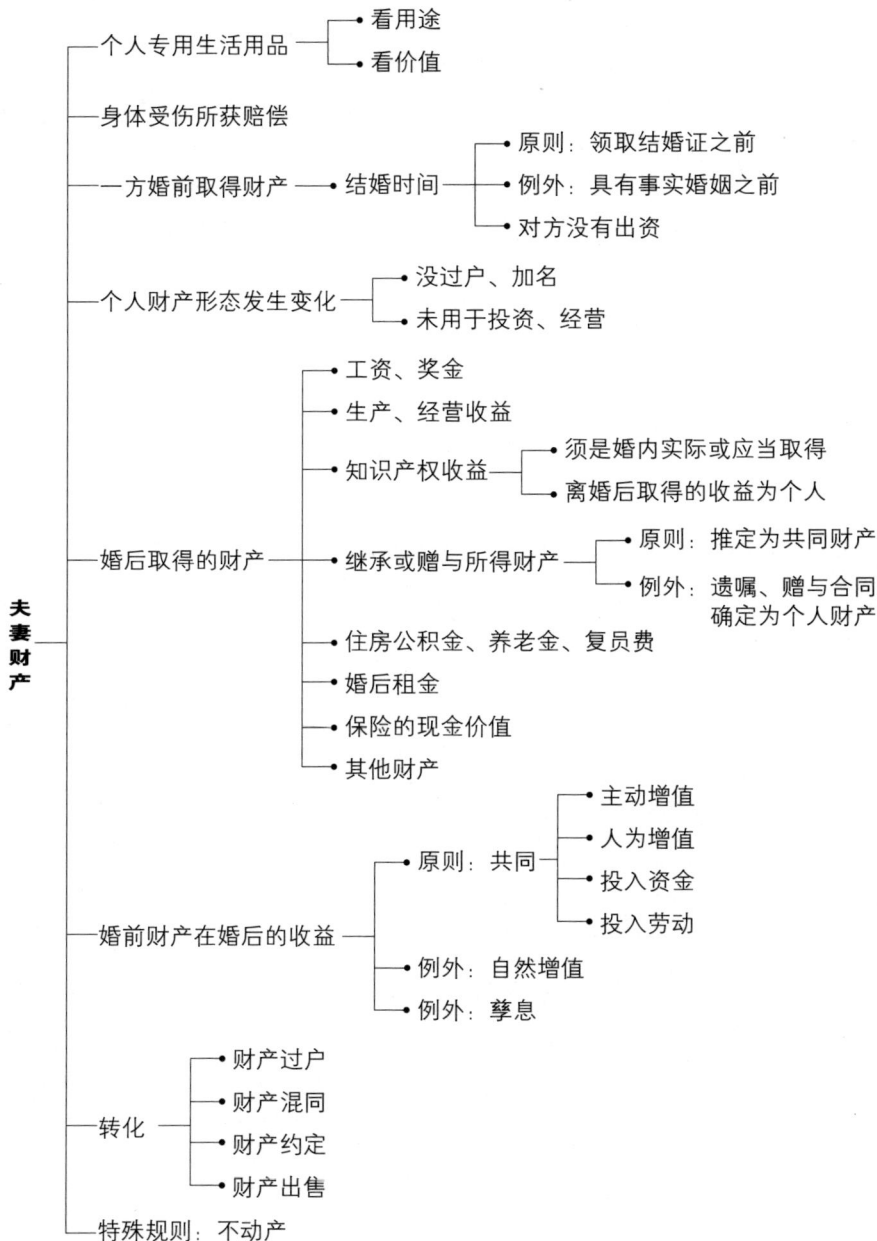

夫妻财产

- 个人专用生活用品
  - 看用途
  - 看价值
- 身体受伤所获赔偿
- 一方婚前取得财产
  - 结婚时间
    - 原则：领取结婚证之前
    - 例外：具有事实婚姻之前
    - 对方没有出资
- 个人财产形态发生变化
  - 没过户、加名
  - 未用于投资、经营
- 婚后取得的财产
  - 工资、奖金
  - 生产、经营收益
  - 知识产权收益
    - 须是婚内实际或应当取得
    - 离婚后取得的收益为个人
  - 继承或赠与所得财产
    - 原则：推定为共同财产
    - 例外：遗嘱、赠与合同确定为个人财产
  - 住房公积金、养老金、复员费
  - 婚后租金
  - 保险的现金价值
  - 其他财产
- 婚前财产在婚后的收益
  - 原则：共同
    - 主动增值
    - 人为增值
    - 投入资金
    - 投入劳动
  - 例外：自然增值
  - 例外：孳息
- 转化
  - 财产过户
  - 财产混同
  - 财产约定
  - 财产出售
- 特殊规则：不动产

115

第五章
婚前自保法则

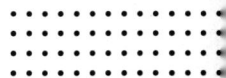

第一节　警惕骗婚陷阱

◌ 敛财型骗婚

敛财型骗婚，是指打着"恋爱结婚"的旗号诈骗钱财，并非真心结婚。这些敛财型的骗婚，往往发生在"天价彩礼""老少配""大学生恋爱""网恋"的人群中。

1.骗取彩礼

骗取彩礼，一般是团伙作案，善于利用男性急于结婚生子的心态，巧立各种名目收钱。当"新娘"收到彩礼后，就消失或在生活中借题发挥，制造家庭冲突，然后回娘家。若追查下去，可能会发现有多人报案，且所谓的"舅舅""父母"和"媒人"均是由团伙成员假扮。他们甚至伪造身份证、户口本，以假名与受害人交往。当受害人去派出所报案时，发现查无此人。

要避免此类骗婚，建议多交往，认识她的朋友，前往对方老家见父母，顺道向亲戚邻居打听，不要急于结婚。若严格执行婚前必查事项，一般可发现其伪造身份的痕迹。由于此类团伙多处作案，受害者不止一人，一般会采用虚假身份交往，以逃避刑事责任。通过查征信、房产查册、婚姻登记档案等，可以发现诈骗的蛛丝马迹。她会找各种理由拒绝查询，推托到其家乡见父母、朋友等。

若是采用真实身份交往，通过保留彩礼的转账凭证、交往照片等，向公安机关报案，看此人是否已被多次举报。若对方未曾被举报过，公安机关未必会立案侦查。此时，只能起诉返还彩礼。

2. 恋爱中索要车辆、房屋

情侣之间互赠礼物，本是感情的联络。然而，若一方频繁地索要贵重财物，就是危险信号。每个人资产和收入情况不一样，对于一般人而言，我建议把警戒线画在 3 个月收入以内。不管对方是不是在骗你，至少说明你没法满足对方的消费需求，而对方也没考虑过你的死活。这样的两人注定是无法生活在一起的。

然而，在"老少配"这种恋爱中，年长的一方往往会被爱情蒙蔽双眼。老头子遇到年轻貌美的女孩、老妇人遇到小年轻，大多以为自己是幸运儿，开启了人生第二春。这类新闻报道屡见不鲜，案例层出不穷。由于他们的目的是骗钱，不会满足几千元的礼物，最终会开口要车、要房。如果你拒绝的话，他们就会各种撒娇卖萌。

对此，我建议大家要对自己的两性魅力有足够清晰的了解，平常大妈、大伯们对你的态度就是最好的反馈。天上不会掉下"林妹妹 / 贾小宝"，找比自己年轻一代以上的对象，很可能是一种"消费"行为。若真不介意，请理性消费。

比如，有位 55 岁的离异女性，找了位 40 岁的高大帅男朋友。男朋友炒期货亏了300多万元，她就把自己的房屋抵押贷款了200万元给男朋友还债。当女儿好意规劝时，她竟然说要是真的被骗了，她认！钱可以赚，反正几年就赚回来了，但爱情难求。而我所忧虑的是，以她的这种赚钱能力和情感消费，对方还会继续找机会拿钱、借钱。

3. 谈个大学生女朋友帮忙贷款

我在微博收到不少女大学生求救的私信，大致是男朋友让她申请几张信用卡，然后帮忙套现出来给男朋友周转，最终累计的金额已远远超出她的承受能力。有的担心将来分手了，男朋友不还贷；有的发现男朋友同时有几位女朋友，想分手但又不敢分手；有的已经被银行追债，男朋友早已不知去向。

"谈个大学生女朋友帮忙贷款"是骗子常用的伎俩。这种人已经没有任何信用，找不到人帮他借钱了。他盯着涉世未深的女学生，打着恋爱的旗号，不断从她身上吸血。

他会先哄骗女学生开信用卡、小额网贷账户，从借小额开始。起初，他能准时还款，让女朋友对他建立信任。平常他会吹嘘自己很能赚钱，开车接送女朋友，去高档馆子，给女朋友钱花，显得他很阔绰。时间久了，感情深了，他就开始让女朋友提高临时额度，进行大额套现。

女学生没偿还能力，她会配合男朋友申请更多的信用卡和小额网贷账户，借新还旧，债台越筑越高，越陷越深。如果分手或男朋友跑路，则只能由该女学生独自偿还。

此时，众多信用卡套现总数额已达5万元以上，经银行有效催告两次还不上，就构成信用卡诈骗。她既担心要还款，又担心会坐牢，处于被控制状态，不敢分手，从而沦为男朋友的贷款机器。

☉ 隐瞒病情型骗婚

隐瞒病情的案例多为隐瞒精神病、无生育能力、家族遗传病史、性病等情况。由于国家早就取消了婚前强制体检，有些人有意无意隐瞒了不适宜结婚的病情，就造成诸多家庭悲剧。

虽然婚姻法禁止无行为能力人[1]结婚，但并非所有精神病人均为无行为能力人。一般而言，达到精神残疾一级和二级才是无效婚姻。由于夫妻之间有相互扶持的义务，若一方在婚后暴露出三级、四级精神残疾程度的病症，另一方想离婚的话，就会比较麻烦了。可能需要先申请宣告对方为限制行为能力人[2]。对方父母一般有甩包袱想法，不想接收自己的子女。当事人两次起诉离婚，法院也未必肯判决准予离婚。有些人起诉了四五次，方取得离婚判决，历时七八年之久。

大多数传统家庭都会把"传宗接代"作为婚姻的基本功能，不接受没有生育能力的妻子或丈夫。在个别极端人的眼里，"不能下蛋的母鸡，该拿去炖汤了"。而有些人则会因为感情，即使对方没有生育能力，也会欣然接受。比如男性的精子质量不行，无法让妻子受孕，很多夫妻往往能够欣然接受治疗的方案，而不是立马反目成仇。对此，若认为结婚必须生育孩子，不妨双方都接受婚前体检，免去遭受离婚之苦。

1　根据《民法典》的规定，所谓无行为能力人，是指不满8周岁的未成年人和不能辨认自己行为的成年人。

2　根据《民法典》的规定，所谓限制行为能力人，是指8周岁以上的未成年人和不能完全辨认（有部分认知能力）自己行为的成年人。

♾ 隐婚型骗婚

这种与其说是骗婚，不如说是骗色。他们从来没想过要离婚，只是打着单身的旗号，到处骗色而已。有些女孩子发现后，会及时远离止损；有些则轻信男方和妻子感情不好准备离婚的说辞，深陷泥潭，不能自拔；有些甚至为男方多次堕胎而失去生育能力；有些被对方配偶穷追不舍，身败名裂。

其实，要识别对方是否已婚，并不困难。比如，有位已婚男士是一家小公司的总经理，整天假装业务很忙，对外跟小姑娘说未婚。工作时间对小姑娘的信息有来必回，一到晚上 7 点和周末就消失了。小姑娘还觉得这小伙子很上进。这种情况大概是该男士回家后担心被妻子发现，所以在家时不理会外面的花草。如果你们遇到这种人，可以在晚上 8 点后打电话过去或微信视频。如果他是用大号加你为好友的，他估计会被吓得直接拉黑你。如果他用的是小号，则总是没人接听。

当然，还有一种已婚男士，其妻子在异地工作，他晚上可以随意接听电话，就不好识别了。如今婚姻登记尚未实现全国联网，通过当地民政局也未必可以查出来。一般而言，如果对方孩子已上户口，公安机关的家庭成员信息可以显示其配偶和孩子的信息。若他曾经向银行贷款，征信报告上也会显示配偶信息。只是，你无权查看这些。

♾ 佯装富豪型骗婚

他只是单纯为了"炫富"，为了向你展现自己"雄厚的财力"，而租用豪车豪艇，借钱进行高消费，为你一掷千金，让你误以为他腰缠万贯，从而博取你的芳心。然而结婚后你发现他家中实际一贫如洗，才知道自己被骗了。

这种佯装富豪式的"骗婚"可能会让骗婚者入不敷出、负债累累，但基本不会产生刑事责任。而对于被骗者而言，几乎是哑巴吃黄连，说好的豪门生活呢？没有了！说不定对方还拉着你一起还他之前欠下的债呢。虽然是婚前个人债务，但一小笔一小笔偷偷地还，夫妻共同财产总额会偷偷缩水，听起来也是很闹心，是不是？闹到法庭上，也不好意思跟别人说"我就是看他比较有钱，才嫁给他的嘛"。

⚭ 隐瞒婚史型骗婚

对方曾经离过婚，但故意欺骗你说自己以前没有结过婚，或你虽未过问，但对方也未主动告知自己的婚史或婚姻状况。结婚之后，你才猛然发现对方有婚史，甚至发现对方的孩子来要抚养费。隐瞒婚史型的骗婚，最麻烦的地方在于：

1. 可能对方还没离婚时就跟你谈恋爱，当其前夫 / 前妻发现后，找你算账；

2. 可能对方在离婚时约定了一大笔抚养费，会影响你们婚后的生活质量；

3. 可能对方在离婚时约定要补偿前夫 / 前妻一大笔钱，要动用你们的婚后存款来偿还；

4. 可能对方名下的房子都是前妻 / 前夫的，只是因为还没还清贷款，尚未过户而已。

💍 骗婚的法律责任

骗婚的核心是隐瞒真相或虚构事实，但是每个骗婚行为所对应的法律责任未必是一样的。然而，只有诈骗财产，才会有直接的法律责任，而欺骗感情和美色，则本身没有相应惩罚，只能看其欺骗的手段是否触犯法律。

1. 诈骗罪

《刑法》第二百六十六条规定：诈骗公私财物，数额较大的，处三年以下有期徒刑、拘役或者管制，并处或者单处罚金；数额巨大或者有其他严重情节的，处三年以上十年以下有期徒刑，并处罚金；数额特别巨大或者有其他特别严重情节的，处十年以上有期徒刑或者无期徒刑，并处罚金或者没收财产。本法另有规定的，依照规定。

把这规定说得通俗一点儿，就是骗取较大财物（3000元以上），手段是虚构事实或隐瞒真相，才有相应处罚。

一般而言，只要结了婚，就难以认定是诈骗了。有些人抱怨，结婚后妻子与他生活还没几天就跑回娘家了，算不算诈骗？还有人抱怨，妻子生完孩子就失踪了，算不算诈骗？

哪有骗钱的人会跟你结婚，还会生孩子？正常人不会这么诈骗的，好吗？除非你到派出所报案，输入她的身份证号码，发现她在多地被报案骗婚。如果她在别的地方已经结婚了，那就是重婚。

一般的诈骗，骗的是彩礼。这些人假借结婚为由，拿了大额彩礼就潜逃，则诈骗意图较为明显。如果对方没有虚构身份、家庭成员等事实，则难以认定为诈骗。因为，所有诈骗行为，均需要有一定的具体表现行为，一般由几个人合谋，编造故事、扮演家庭成员等，共同完成诈骗。

2. 伪造证件系列罪名

学历、身份证造假，职业造假，都有可能涉及伪造相关文件，涉及的罪名有：

a. 伪造、变造国家机关公文、证件、印章罪；

b. 伪造公司、企事业单位、人民团体印章罪；

c. 伪造、变造居民身份证罪。

3. 招摇撞骗罪

《刑法》第二百七十九条规定：冒充国家机关工作人员招摇撞骗的，处三年以下有期徒刑、拘役、管制或者剥夺政治权利；情节严重的，处三年以上十年以下有期徒刑。

此条可惩处假扮军人、官员骗色、骗婚。

4. 返还彩礼

若对方收了彩礼而没有结婚，逃之夭夭，可以起诉要求返还彩礼（具体参见第二章）。

5. 婚姻无效

《民法典》第一千零五十一条规定：有下列情形之一的，婚姻无效：（一）重婚；（二）有禁止结婚的亲属关系；（三）未到法定婚龄。

2021年1月1日起，"患有医学上认为不应当结婚的疾病"已经不属于婚姻无效的理由。

6. 撤销婚姻

根据《民法典》第一千零五十三条规定，一方在婚前隐瞒重大疾病的，另一方可以自知道或应当知道之日起，向法院请求撤销婚姻。何为重大疾病？《民法典》并没有具体列举，一般认为可参考银保监会发布的重大疾病范围。

7. 返还抚养费 + 精神损害赔偿

妻子婚前怀上别人的孩子，拿你充当"冤大头"，说孩子是你的，然后奉子成婚。等孩子长大后，你却发现孩子跟自己的外貌没有丝毫共性。最后，你忍不住去做了亲子鉴定，发现孩子真不是自己亲生的。

你回家向老婆问责，她才坦白说，有个晚上喝醉酒了，稀里糊涂跟别人发生了关系，就怀孕了。

在法律上，这叫"欺诈性抚养关系"。此时，丈夫可以起诉妻子要求返还抚养费和精神损害赔偿，那个与妻子发生关系且致其怀孕的男人对返还抚养费有连带责任。

第二节　婚前必查事项

🔗 了解原生家庭

我接触了大量的离婚案件，相当多的离婚是受累于原生家庭。这不得不成为大家婚前要考虑的因素。除了不婚族、丁克族，大多数的男孩和女孩结婚组成新家庭，想婚姻幸福、家庭稳定，都需要经历三步进化，方可成长为集社会角色、丈夫（妻子）角色和父亲（母亲）角色于一体的个人。

第一步，从未成年人成为独立的人。需要与父母相分离，尤其是与母亲分离，步入社会角色。

第二步，从儿子（女儿）转为丈夫（妻子）。无论是法律上，还是生活上，妻子（丈夫）才是家庭的另一半。当意识到自己丈夫（妻子）的角色时，才能成为真正的丈夫（妻子），才能与原生家庭分离，才能产生独立的新家庭。

在这一点上，女孩比男孩更容易与原生家庭分离。因为，按照婚嫁传统，女孩要嫁入男孩的家庭，与公公婆婆生活在一起。她们在出嫁的那一刻，就从空间和心理上完成了分离。而男孩则有可能继续生活在父母的庇护之下，在中国大家长制的文化下，不会协调母亲和妻子之间的关系。男孩和女孩与原生家庭无法分离的典型表现是"妈宝男""扶弟魔"。前者向原生家庭吸取养分，后者向原生家庭输出养分；两者处处受制于父母，都在损害配偶的利益，伤害夫妻的感情。若不想婚姻受其原生家庭所累，则要避免和没有与原生家庭分离的意识的男孩（女孩）结婚。

第三步，从丈夫（妻子）转为父亲（母亲）。由于妻子怀胎十月，会早早进入母亲角色。孩子出生后，丈夫往往要1—2年后才与孩子建立感情，认同父亲角色。在此过程中，他自然无法与妻子共情，不参与育儿，从而产生诸多矛盾。结婚后1—3年内离婚的夫妻，大都与孩子出生有关。丈夫想避免因孩子出生而引发的诸多家庭矛盾，最有效的办法是在妻子怀孕期间就参与孕妇饮食、产检和育儿知识的学习，尽早培养父亲意识，在孩子出生后转变为超级奶爸。

⚭ 交换征信报告

征信良好，早就成为发达国家社会评价个体的重要标准。正所谓："连银行都不敢放贷的征信黑户，你敢嫁给他吗？"

我们遇到一些来访者，他们的配偶在婚前投资失败或赌博或挥霍财产，欠了很多债，用十几张信用卡套现周转，甚至早已上了征信黑名单，被法院列为"老赖"。结婚后，他们只能帮忙还贷，帮忙申请更多的信用卡套现。最终，他们还是没办法还清借款，且越陷越深。离婚时，他们不仅拿不回自己的钱，还要背上一身债，连请律师的钱都没有。

大家可以通过两个途径查征信。第一，可以在最高人民法院的网站通过身份证号码查询失信人名单（http://zxgk.court.gov.cn）；第二，可以一起到当地中国人民银行打印征信报告。

在征信报告里，除了可以看到其各项贷款金额、还款是否正常，还可以看到：

1. 按揭购房的情况。如果他名下有两套房子，则意味着他在没限购前就买了两套，而你们结婚后没有资格买房了。

2. 配偶的情况。一般而言，如果他在申请信用卡、银行卡资料中填写过配偶信息，那么他贷款买房时，银行也会让其配偶签字。最终，征信报告里会有其配偶明确的信息。此时，你就知道他是否曾经结过婚、是否隐婚了。

交换体检报告

婚前体检，主要是为了看是否有不适合结婚的精神病、传染病。如果双方都有生育孩子的意向，则还要检查双方的生育能力。双方可以一起去同一家医院体检，交换体检报告来了解彼此。

◌ 房产查册 [1]

在实施限购政策的城市工作生活，房产查册应是婚前必查标配。双方可持身份证原件到房管局自助查询机打印各自名下房产登记情况。这样做的目的在于：

1. 看对方所说的婚房是否以其名义购买或登记在他的名下。在一些案例里，一方说已经按揭购买了婚房，却登记在其父母名下。婚后夫妻一直共同还贷，最后发现房子不是丈夫的。

2. 看对方名下是否有两套房或一套房，是否影响婚后购房资格。若对方已有两套房，则另一方在结婚后无法购房；若对方已有一套房，则另一方在婚后购房算家庭二套房，无法享受首套优惠。此时，大家就要商量考虑是否婚前购房。

◌ 查婚姻档案

查婚姻登记档案，主要是为了看离婚协议，看里面约定的义务是否过重，是否会影响你们婚后的生活质量：

1. 需要承担的抚养费数额；

2. 需要补偿对方的款项数额；

3. 名下的房产是否约定为对方所有；

4. 房屋贷款由谁来偿还；

5. 其他债务金额及由谁来偿还。

1　房产查册，是指房屋权利人或利害关系人到房屋管理部门查询权利人名下房屋登记情况或某套房屋的登记情况，包括房屋登记的权利人、自然状况和抵押、查封等司法状况。

⚭ 查报警记录

如果对方曾经离过婚，则要考虑查其报警记录。由于我国没有实施"家暴登记入册"的制度，对方在上一段婚姻里是否实施过家暴，无从查询。只能查对方是否多次被前妻（前夫）就"家暴"报警，又或者从其前妻（前夫）口中打听是否有过家暴行为。

第三节　警惕套路孕

💍 什么是套路孕

套路孕，说白了就是在婚前让女朋友意外怀孕，坚定其结婚念头，降低其结婚要求。即使双方并非那么适合结婚，但女孩子一般都会束手就擒、奉子成婚。

知乎上有人匿名提问，还有一个月就要结婚了，对方突然不想嫁了，怎么办？其中有一个匿名回答说他女朋友当初也闹着不想嫁给他，但他实在太喜欢对方了。朋友给他出了一个主意——让女朋友怀孕。他就选在女朋友排卵期，没有戴避孕套与其发生了关系。原本女朋友要 15 万元彩礼，但因为怀孕了，不仅没有跟他要彩礼，她家里还陪嫁了一套房子。当然，他还说到以后会对妻子很好。至于是否真的很好，只有他们夫妻俩知道了。

在实务中，未婚先孕十分常见。对于女方而言，她对男朋友有感情，而第一次怀孕往往会让人措手不及，没有任何心理准备。

即使她想堕胎，也会担心对身体有伤害。家里人见女儿怀孕了，觉得不结婚就丢脸。于是，女方家长也就不再对男方有诸多要求，只想女儿早早嫁人。

当然，一些条件较好、责任心强的男性，同样会遇到奉子成婚的难题。比如，他本来只是想谈恋爱，但由于避孕措施没做好，女孩子怀孕了并坚持要把小孩生下来。此时，这个男孩和家里人也只好同意结婚。

奉子成婚，导致的后果就是在不合适的时间里，让两个小孩同时拥有丈夫（妻子）和父亲（母亲）的身份，但他们的心理未必能转化过来。再者，如此仓促结婚，他们就丧失了考虑婚前和婚后安全元素的机会，让整个婚姻处于随机状态。

想避免套路孕，首先自身要做好避孕措施。具体的避孕措施，大家可以自行咨询相关人士。

其次，一旦出现意外怀孕，千万不要因此而草草决定结婚。该谈的事情要谈，该考察的要考察。不要该动脑子的时候，偏偏只动了感情。如果不想结婚，请咨询医生，尽早做终止妊娠的决定。

💍 擅自堕胎是否要赔偿

生育权是否为女性独有，一直有诸多争论。平心而论，生育权是男性和女性作为公民的基本权利，被规定在《人口与计划生育法》[1]中。相对于国家而言，大家在计划生育政策的范围

1　《人口与计划生育法》第十七条：公民有生育的权利，也有依法实行计划生育的义务，夫妻双方在实行计划生育中负有共同的责任。

内有权选择生与不生。在男女之间，谁都不能强迫另外一方生或者不生。女方，也不能强迫男方交出精子或偷偷使用男方的精子。

当男女发生了性行为后，女性怀孕，男方不能因为他不想生孩子，就迫使女方堕胎。既然男方在和女性发生性关系时没有采取任何避孕措施，那么这一行为本身就表明其以默认的方式行使了自身的生育权，这时其虽然不愿女方生育，但不得强迫，否则仍然是侵犯了女方的人身权。[1] 此时，生育决定权就专属于女方。女性有权决定生与不生，男方不同意也没有办法。孩子出生后，男方就要尽抚养义务。女方选择终止妊娠，男方不能主张赔偿。[2]

这个原理在人工授精的情形里同样如此。[3] 在双方同意人工授精怀孕后，男方反悔，女方同样有权决定分娩或终止妊娠。一旦孩子出生，亲子关系就成立，男方有抚养孩子的义务。

当女方擅自拿男方精子做人工授精，如擅自使用男方保存在医院里的精子，此时男方有权反对生育。若女方执意而为，则该

---

1 见《最高人民法院婚姻法司法解释（三）理解与适用》第 158 页，最高人民法院民事审判庭第一庭编著，人民法院出版社，2011 年 8 月版。

2 《民法典婚姻家庭编的解释（一）》第二十三条：夫以妻擅自中止妊娠侵犯其生育权为由请求损害赔偿的，人民法院不予支持；夫妻双方因是否生育发生纠纷，致使感情确已破裂，一方请求离婚的，人民法院经调解无效，应依照民法典第一千零七十九条第三款第五项的规定处理。

3 《民法典婚姻家庭编的解释（一）》第四十条：婚姻关系存续期间，夫妻双方一致同意进行人工授精，所生子女应视为婚生子女，父母子女间的权利义务关系适用民法典的有关规定。

孩子与男方没有亲子关系，男方无义务抚养。[1]

综上所述，生育权不专属于女性，但只要发生性关系或同意人工授精后，生育决定权就专属于女性。

1　参见最高法第85号指导性案例。

第四节　婚前同居

💍 事实婚姻

都 2021 年了，还有事实婚姻吗？答案并非非黑即白，一目了然。

我们要划分成两条线：

1.1994 年 2 月 1 日前男女双方都达到法定婚龄与此后才达到婚龄的人群；

2.民事上的夫妻关系与刑事上的夫妻关系。

在 1994 年 2 月 1 日前，双方情况符合夫妻关系的实质要件，按事实婚姻处理，即双方具备夫妻关系。所谓符合夫妻关系的实质条件，指的是达到法定婚龄，没有禁止结婚的情形，双方以夫妻名义共同生活。

在 1994 年 2 月 1 日后，男女一方或双方符合夫妻关系实质要件的，需要补办结婚证，才具备夫妻关系，否则只能按同居关系处理。

一言以蔽之，男方在 1972 年 2 月 1 日前出生，女方在 1974 年 2 月 1 日前出生，才有可能构成事实婚姻。在此之后出生的人，判断是否具有夫妻关系的唯一标准是有无结婚证。

在重婚罪方面，有配偶而与他人以夫妻名义共同生活，则仍因有事实婚姻而构成重婚罪。

⚭ 同居中的财产

《民法典》实施前，法律针对同居中的财产收入规定非常少，主要包括：

1. 同居生活期间双方共同所得的收入和购置的财产，按一般共有财产处理。

所谓一般共有，就是有约定按约定，没约定按出资比例共有。一般人同居生活，其收入都是独立的收入，归各自所有。比如，各自在一家公司里工作领取薪水，工资收入是典型的各自归各自所有。然后，双方用自己的工资收入共同购买车辆、房子，则有约定按约定，没约定按出资比例享有份额。

然而，这里面最大的坑就是上了法庭，一方说同居，另一方否认同居，则不容易证明。因此，若共同出资购买资产，必须签署书面协议，把出资和份额都约定清楚。

此外，还有一个群体，他们在同居期间共同创业、投资经营一家店铺、项目等。此时，双方也必须签订合伙投资协议，否则分手时，很难厘清双方的财产关系。

2. 同居生活前，一方自愿赠送给对方的财物可比照赠与关系处理；婚前一方向另一方索取的财物，比照彩礼处理。

3. 具体分割财产时，应照顾妇女、儿童的利益，考虑财产的实际情况和双方的过错程度，妥善分割。

4. 同居期间为共同生产、生活而形成的债权、债务，可按共同债权、债务处理。

5. 一方在共同生活期间患有严重疾病未治愈的，分割财产时，应予适当照顾，或者由另一方给予一次性的经济帮助。

《民法典》实施前，已经同居形成的财产，可以按照上面的规则来判断；《民法典》实施后，最高人民法院废止了原有关于同居的司法解释，目前同居财产制度的规定处于空白状态，有待进一步落实。

据此，我认为如果同居只是短暂的选择，为结婚探路，不建议有过多的财产交集。如果同居是一种长期选择，或者双方已经进行了共同生产经营，则宜对重大资产、共同生产经营的项目进行书面约定。

◐ 同居中的子女

根据《民法典》的规定，非婚生子女与婚生子女的地位相同，其抚养权和抚养费的处理技巧可参见第八章第九节。

第五节　需要婚前协议的三大人群

◍ 为何企业家需要婚前协议

近年来，不少企业家吃尽了离婚的苦头。因为离婚而企业上市受阻、重组搁浅、丧失企业控制权的教训比比皆是。对于一般民众而言，婚变本是家务事，但对于企业家而言，一朝处理不慎，他们的婚变就会成为广受媒体关注的经济事件，给企业的经营带来难以预料的风险。

爱情是美妙的，但没人能够确保这份感情旷日持久。当爱已成往事，夫妻缘分已尽时，企业家与配偶之间如果不能好聚好散，由婚变引起的财产纠纷、股权变动，可能会将企业拖入万丈深渊，甚至沦至万劫不复之地。

以我们处理诸多的企业家离婚案的经验，当一家企业正准备上市，配偶要起诉离婚，企业被冻结了股份时——此时，该企业已经完成了从有限责任公司到股份有限公司的转化——配偶完全可以直接分割取得公司的股份。只要股份被冻结，公司就无法通过证监会的审核，直至离婚官司结束，方可重新申请上市。

然而，此时大股东股权已经被稀释了一半，影响到公司经营控制权的稳定，上市也是未知数。若大股东想避免因离婚诉讼而搁浅上市计划的情况，则要付出非常巨大的代价，才有可能与配偶达成离婚协议。

若一家企业并未上市，但到了 A 轮、B 轮融资的阶段，此时企业的创业团队核心股东遭到婚变，恐怕风投资金也会因此搁浅。风投机构考察一家企业是否值得投资，除了看其项目前景，还要看其稳定性。所谓的稳定性，当然包括婚姻家庭的稳定。如果他们有一份隔离企业股权的婚前协议，当然能够给风投机构一剂强心针。

企业家的婚前协议，主要是为将来公司融资、重组、上市的前景服务，把股权彻底隔离出来。对于一些小公司、独资企业、个体工商户来说，则并非“必需品”。

为何再婚人群需要婚前协议

再婚人群需要婚前协议，主要是因为他们结婚时已经具有一定资产和负债，还可能共同出资购置房产以用于婚后共同生活。

比如，男方是二婚，女方是一婚。经查看男方的离婚协议，男方需要每月支付前妻 1 万元抚养费，2 年内付清前妻 100 万元补偿款和还清房屋贷款 100 万元。那么，女方与男方结婚后，男方就会动用婚后的共同收入来偿还其个人债务。

假设女方每年能赚 50 万元，男方每年赚 300 万元。2 年后，他们的共同存款有 400 万元。若男方支付了 2 年共计 24 万元抚养费、100 万元补偿款和 100 万元贷款，他们手上就剩 176 万元存款了。显然，男方动用了女方 112 万元的份额。

因此，他们需要对婚后的共同收入和清偿个人债务进行具体的约定。首先，男方赚的钱要由女方保管一半以上。其次，结清 224 万元债务时，剩余的 176 万元要进行分割，至少 112 万元为女方个人所有，剩余 64 万元归共同所有；或者在将来的收入中对女方进行补偿。

◎ 为何买婚房人群需要婚前协议

买房人群需要婚前协议的原因在于婚姻法对婚前、婚后买房规定得太复杂了，非常容易出现争议，具体参见第三章。对于普通老百姓而言，买房可能要动用三代人的积蓄，稍有不慎，就会损失惨重。

这类婚前协议必须包括以下基本内容：

1. 各自占有房屋份额；

2. 房屋购买总价、首付款、按揭款的组成；

3. 出资款的比例和来源；

4. 出资款是借款还是赠与；

5. 按揭款由谁承担，或共同承担的比例。

婚前自保法则思维导图

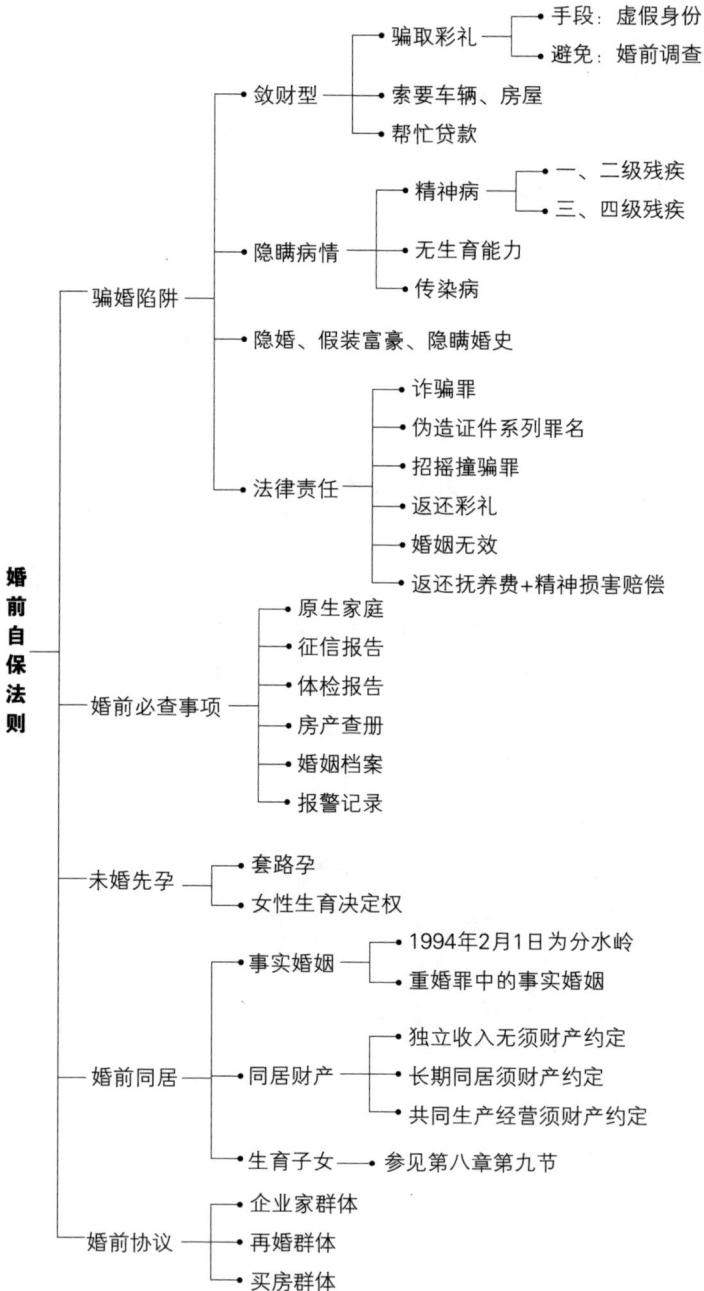

```
婚前自保法则
├─ 骗婚陷阱
│   ├─ 敛财型
│   │   ├─ 骗取彩礼
│   │   │   ├─ 手段：虚假身份
│   │   │   └─ 避免：婚前调查
│   │   ├─ 索要车辆、房屋
│   │   └─ 帮忙贷款
│   ├─ 隐瞒病情
│   │   ├─ 精神病
│   │   │   ├─ 一、二级残疾
│   │   │   └─ 三、四级残疾
│   │   ├─ 无生育能力
│   │   └─ 传染病
│   ├─ 隐婚、假装富豪、隐瞒婚史
│   └─ 法律责任
│       ├─ 诈骗罪
│       ├─ 伪造证件系列罪名
│       ├─ 招摇撞骗罪
│       ├─ 返还彩礼
│       ├─ 婚姻无效
│       └─ 返还抚养费+精神损害赔偿
├─ 婚前必查事项
│   ├─ 原生家庭
│   ├─ 征信报告
│   ├─ 体检报告
│   ├─ 房产查册
│   ├─ 婚姻档案
│   └─ 报警记录
├─ 未婚先孕
│   ├─ 套路孕
│   └─ 女性生育决定权
├─ 婚前同居
│   ├─ 事实婚姻
│   │   ├─ 1994年2月1日为分水岭
│   │   └─ 重婚罪中的事实婚姻
│   ├─ 同居财产
│   │   ├─ 独立收入无须财产约定
│   │   ├─ 长期同居须财产约定
│   │   └─ 共同生产经营须财产约定
│   └─ 生育子女 ── 参见第八章第九节
└─ 婚前协议
    ├─ 企业家群体
    ├─ 再婚群体
    └─ 买房群体
```

142

第六章
出轨的婚姻

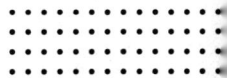

第一节　出轨的法律后果

💍 出轨的四种形态

什么是出轨？每个人的看法有所不同。比如，我们经常接到这类咨询：我丈夫经常和别人在微信上"发暧昧露骨的消息"。这算不算出轨？这恐难够得上法律意义上的出轨，但当事人心里会极其难受。

不难想象，如果妻子白天上班，晚上还要回家做饭、照顾小孩，丈夫回家却躺在沙发上和别的女孩子"发暧昧露骨的消息"，妻子若发现了，不发飙才怪。而有些妻子，则对此不以为然，反正没肉体出轨就好。这就好比一道辩论题——屎味的巧克力和巧克力味的屎，你究竟能接受哪个？

因为实务的需要，我把出轨分为四种形态：

1.感情出轨，即无肉体接触的交往，如"发暧昧露骨的消息"、网恋等。但马克思认为两性关系是人与人之间直接的、自然的、必然的关系。根据我对出轨的观察，感情出轨往往是肉体出轨的预备阶段。所谓纯洁的男女关系，大多不长久。没有下一步的性关系，两性的精神交往难以长久持续。从《民法典》的规定看，感情出轨虽违反了夫妻忠实的义务，但一般认为不是严重的过错，甚至没有法律上的惩罚。

2. 同居，即男女双方持续共同生活一段时间。以广东省高院的司法解释为例，指男女双方持续共同生活三个月以上。同居是法定过错、法定的离婚理由。

3. 重婚，即有配偶而与他人以夫妻名义共同生活。既包括领取结婚证，也包括不领取结婚证，但他人均认为他们是夫妻。重婚既是法定的过错、法定的离婚理由，也是犯罪行为。

4. 通奸，即有配偶而与他人发生性关系，以嫖娼为典型。所谓的包养情人，既有可能只是通奸，也有可能是同居，也有可能是重婚，要视其出轨行为状态而定。

通奸明显违反夫妻忠实义务，但不是法定的过错和离婚理由。如果一方以另一方通奸为理由起诉离婚，法院一般会给一次机会让双方和好，判决不准予离婚。至于无过错方能否主张赔偿，则司法实践尚未统一。

🔗 出轨会净身出户吗

普通老百姓相信"出轨会净身出户"的说法简直到了出乎意料的地步。我们接受离婚咨询前，一般会让客户填写表格，相当多的女性客户在财产分割目标里填写"对方净身出户"。

但凡有一点婚姻法律常识的人都应该知道，通过正常的法律手段，不可能让对方净身出户。在整部《婚姻法》里，没有一条条文规定，出轨一方要承担不分财产的责任，甚至连少分财产的表述都没有。

我们接待咨询的时候，还有一个现象：来访者喜欢揪住对方出轨问题，重点问如何取得出轨证据。在他们看来，出轨是一件非常严重和值得调查的事情。他们可能认为，只要拿到对方出轨的把柄，官司就赢了一半。这是非常可怕的误解。

一般而言，我们会了解对方的职业身份、有无忠诚协议、有无重婚可能，判断出轨情节对离婚案的影响，进而建议是否花精力调查出轨。

在法律不支持出轨净身出户的情况下，我们就应明白一个道理：打仗都拿不到的东西，想在谈判桌上拿到，那就有点痴心妄想了。看多了那种"丈夫出轨，我略施小计就让他净身出户"之类的文章，除了在心里爽一爽，并无实际益处。

ᨀ 出轨会少分财产吗

这是一个充满争议的话题。

2001年的《婚姻法》只在第四十七条规定了离婚时一方隐藏、转移、变卖、毁损夫妻共同财产，或伪造债务企图侵占另一方财产的，少分或不分财产。

对于重婚、同居等过错，婚姻法并没有规定要少分或不分财产。若对婚姻法研究和实践有所欠缺，就很容易下一个结论——出轨不会少分财产。

这个结论是有立法背景的。全国人大常委会法制工作委员会在《婚姻法释义》中指出："根据本法的规定，在夫妻共同财产分割时，法院考虑的因素仅是子女权益和女方权益，不涉及过错或无过错的因素。但为了体现公平，照顾无过错方的利益，本法第四十六条规定了离婚损害赔偿制度。"从立法过程的参考文献可以看出，《婚姻法》立法背景是想通过同居、重婚的赔偿制度来实现对无过错方的保护，所以不再强调多分财产。

然而，最高人民法院 1993 年的《关于人民法院审理离婚案件处理财产分割问题的若干具体意见》里面所规定的"照顾无过错方"原则，仍然没有被正式废止。这也就给了法官相当大的自由裁量权。由于法官的自由裁量权，不少判决实现了无过错方多分财产，甚至分到七成财产。[1] 我们自己亲身办理过的离婚案中，既有无过错方确实分到 55%—70% 的财产，也有无过错方只分到 50% 的财产。

---

1 "由于钟某某实施家庭暴力的行为对陆某某身心造成了严重的伤害后果，并导致夫妻感情完全破裂，钟某某应承担过错责任。因此，根据最高人民法院《关于人民法院审理离婚案件处理财产分割问题的若干具体意见》中规定的'照顾无过错方'原则，在财产分割时应对陆某某予以照顾，体现在房屋补偿问题上就是适当减少陆某某应付的补偿金额。综合考虑钟某某的过错程度、对陆某某的伤害后果和陆某某的经济状况，本院酌情确定：争议房屋由陆某某占有 70% 的产权份额，由钟某某占有 30% 的产权份额。"见广州市中级人民法院（2007）穗中法民一终字第 98 号民事判决书，来源于中国裁判文书网。

"根据何某甲出具承诺书，其此前曾对妻子吴某做出过'不忠的事情'、此后又与其他女性生育小孩等事实，何某甲对于双方婚姻关系最终破裂存在重大过错。原审判决按照照顾女方及无过错方的原则，酌定吴某与何某甲按 7：3 的比例分割婚内共同财产，亦无不当。"见广东省高级人民法院（2014）粤高法民一申字第 1356 号民事裁定书，来源于中国裁判文书网。

如今《民法典》第一千零八十七条规定，则明确纳入"照顾无过错方"的财产分割原则。

因此，准确地说，出轨不是少分或不分财产的法定理由，但是一个酌情少分财产的理由。

出轨方是否会少分财产，主要看法官的认知。

✆ 出轨要赔偿吗

常识告诉大家，出轨肯定要赔偿；该死的常识却一如既往地让人们惨遭打脸。

根据《婚姻法》第四十六条规定，只有重婚和同居的情形下，无过错方才有权要求赔偿。感情出轨、通奸则不属于法定的赔偿理由。

在举国瞩目的某明星离婚案里，朝阳区法院一审的判决结果认定了女方与他人存在婚外不正当关系，但男方没有足够的证据证明女方与他人同居，不符合婚姻法的相关规定，驳回男方的精神损害赔偿请求。

我无意去评判该案里孰对孰错，但实务中相当多的案例只支持重婚和同居的赔偿，不支持通奸赔偿。这样的法律框架很可能被社会大众误读为通奸并不违法。

同居是一个持续与他人共同居住生活的状态，通奸只是间歇性发生性行为，算不上同居。

但是跟 100 个异性通奸，给配偶带来的伤害会比跟 1 个异性同居带来的伤害小吗？

答案是显而易见的。

在人们对婚姻的容忍度越来越低、对配偶的忠诚需求越来越大的社会背景下，跟异性通奸会比同居带来的精神伤害小吗？

答案也是显而易见的。

最高法在2015年11月发布的30起典型婚姻家庭案例中提出："我国婚姻法第四条规定了夫妻的互相忠实义务。婚姻应当以感情为基础，夫妻之间应当互相忠实、互相尊重，以维护平等、和睦、文明的婚姻家庭关系。维护夫妻之间的相互忠诚，不仅是道德义务，更是法律义务。本案中，陈某与他人存在不正当男女关系，伤害了陆某的个人感情，损害了双方之间的婚姻关系，陈某的行为是不道德的，亦违反了我国婚姻法规定的夫妻之间的忠实义务。陆某作为无过错方，有权提起离婚诉讼并同时请求损害赔偿，人民法院依法予以支持。"

之后，在我们经手办理的一些离婚案中，虽然一方没有达到同居的标准，但法院依然支持了无过错方的精神损害赔偿。实务中也出现了越来越多这样的判决。

如今，《民法典》第一千零九十一条增加了"其他重大过错"的赔偿事由，无过错方有机会针对"有私生子女""屡次出轨"等过错主张赔偿。

然而，即便越来越多的法院判决出轨方赔偿，赔偿的数额却不多。我们在2017年利用法狗狗的人工智能技术，在2014—2016年全国法院公布的一审离婚案中，收集到了54505份涉及婚外情的判决，被认定出轨的比例只有19.33%，其中被认定为重婚、同居的案件有2255件。在此样本基数下，全国各省市自治区的平均赔偿数额为9179元至35516元。

2014—2016年各省市自治区法院一审判决出轨纠纷案件平均精神赔偿数额

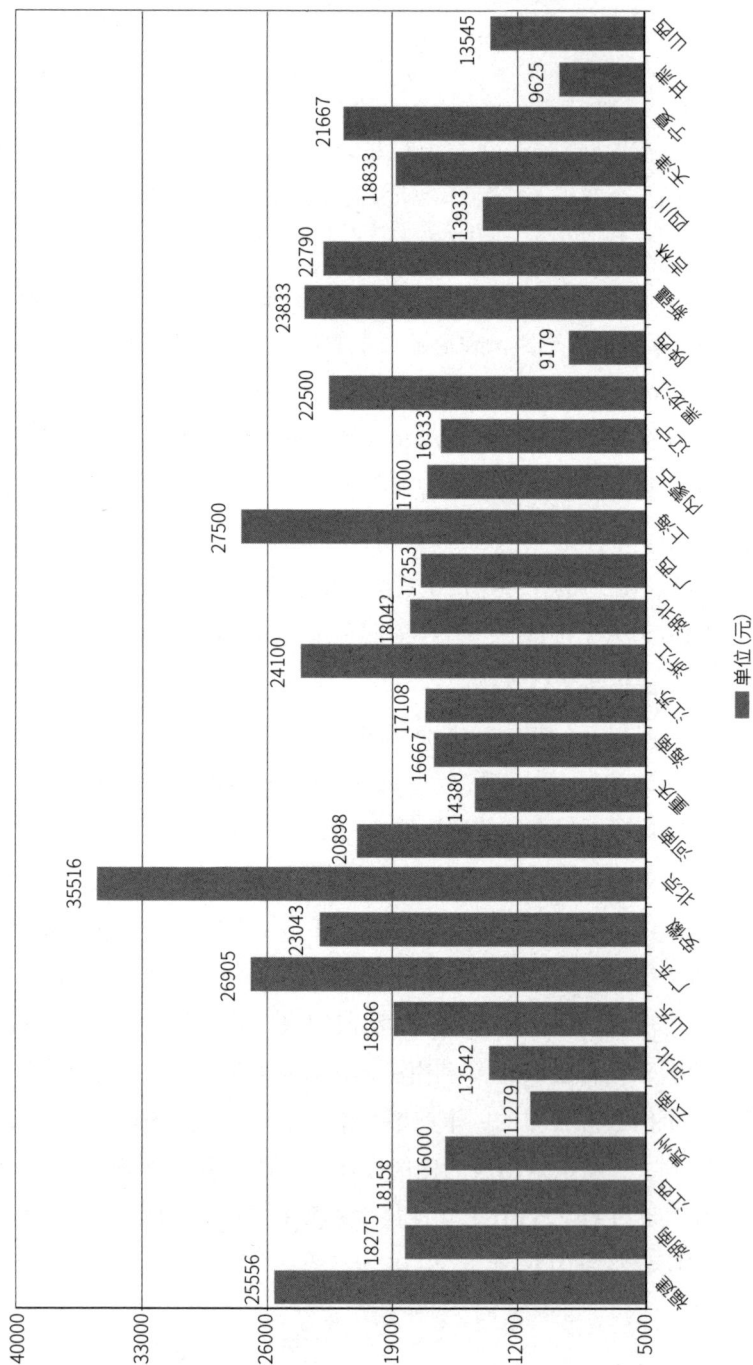

单位（元）

地区	数额
重庆	25556
福建	18275
甘肃	18158
广东	16000
广西	11279
贵州	13542
海南	18886
河北	26905
河南	23043
黑龙江	35516
湖北	20898
湖南	14380
吉林	16667
江苏	17108
江西	24100
辽宁	18042
内蒙古	17353
宁夏	27500
青海	17000
山东	16333
山西	22500
陕西	9179
上海	23833
四川	22790
台湾	13933
天津	18833
西藏	21667
新疆	9625
云南	13545

单位（元）

第二节　出轨是最危险的两性关系

出轨之所以是最危险的两性关系，是因为人们只看到法律后果不严重。出轨最严重的就是重婚和破坏军婚罪，相应的处罚是：前者为2年以下有期徒刑，后者为3年以下有期徒刑。

绝大部分的人出轨，都不会触碰这两个罪名，因为他们知道其中的风险。通奸便成为出轨的常态。通奸不入刑，大家觉得不危险，因此往往带着侥幸心理，寻求生理和心理的刺激，最终不约而同步入不确定的危险之中。这就跟"浅水常淹死人"的道理一样。

通奸分两种：一种是嫖娼型的，往往人钱两清，互不拖欠；另一种是长期情人型的，最终情人要么要钱，要么要名分。无论是哪一种，它的风险来自情人、配偶、情人的配偶或爱人。他们对待这段不正当两性关系的态度，决定了未来的风险。

⚭ 出轨导致身败名裂

明星、网红等靠人设吃饭的职业，都怕出轨被曝光。无数的例子证明，一旦明星出轨，大多要出来道歉，靠配偶公开站台的方式减少损失。即便如此，他们的经济损失仍然非常巨大。

我们可以设想，如果明星或网红跟粉丝发生了性关系，哪怕是偶然的，由于粉丝对该明星或网红存有崇拜情结，可能会偷偷拍照留念，日后可能会公之于众。如果明星或网红跟粉丝产生感情，但又无法给对方名分，对方往往会因爱生恨，逼迫该明星或网红离婚，又或者不断要求金钱补偿。一旦金钱的索取超过了其支付能力，该段恋情必然会公之于众，形成公共事件。

如果明星或网红选择离婚，不仅面临巨额家产分割，还要面临配偶的网络维权。最终也逃不过分钱和身败名裂的命运。

他们在这段不正当两性关系中，面临着情人和配偶的两面夹攻，恐怕也只能惶恐度日，难有幸福。

⚭ 出轨导致倾家荡产

如果说企业家不需要人设、不需要仕途，也不需要颜面，就认为出轨不危险，那就大错特错了。在不正当两性关系中，两方往往是资源不对等，资源多的找资源少的。因为关系不正当，所以只有这样找才容易一拍即合。对于资源多的一方来说，是消费行为，虽花钱，但容易带来快感；对于资源少的一方来说，是投资行为，要获取回报——钱、资源或名分。

资源多的一方要甩掉情人，其实不容易。因为对方好不容易找到了棵大树，不可能轻易放手。不给钱、不给资源，对方就找上家门；不离婚，对方就要钱、要资源。正所谓欲壑难填，守住秘密的代价太大了。若守不住秘密，配偶知道了，很可能要分家析产。离婚对于企业家而言，是致命的。

假如，该企业家本来有1亿元身家，离婚后资产缩水到5000万元，他根本无法承受。1亿元和5000万元是两个概念。做生意的人，最需要的就是资金，突然少了5000万元，公司的资金链会断，债权人会杀上门来轮候查封，破产清算指日可待。

如果公司到了A轮融资阶段，创始股东要离婚，投资人就不敢再投了，创始股东怎么也得把妻子哄住，在众人面前秀恩爱吧。

如果公司正准备上市，股东要离婚，配偶申请法院把股权冻结了，那不好意思，上市就遥遥无期了。

💍 出轨导致仕途尽毁

国有国法，党有党纪，公务员一旦包养情人，严重违反社会公德，仕途就尽毁了。

《行政机关公务员处分条例》第二十九条规定："有下列行为之一的，给予警告、记过或者记大过处分；情节较重的，给予降级或者撤职处分；情节严重的，给予开除处分：（一）拒不承担赡养、抚养、扶养义务的；（二）虐待、遗弃家庭成员的；（三）包养情人的；（四）严重违反社会公德的行为。有前款第（三）项行为的，给予撤职或者开除处分。"

包养情人的法定后果是撤职或开除公职。在不正当两性关系中，要么遭到情人举报，要么遭到配偶举报。除非他能满足两方的诉求而不东窗事发。这也太难了，不累吗？每年因此被曝光、处分的例子还少吗？

这叫快活一时，痛苦一生。

○ 出轨导致家破人亡

在我所接触的案件中，长期忍受出轨的一方，往往有不同程度的抑郁症，需要靠药物治疗。在某些特定的情形下，忍受出轨的一方会采取极端的报复手段。例如，每天晚上不让对方睡觉，天天到对方公司闹，四处张贴告示等，更为极端的是趁对方睡着时痛下杀手。

苏州市吴中区人民法院就曾经审结了一个这样的案件。13年前，妻子就发现丈夫出轨，导致她患上忧郁症。在2016年她又发现丈夫跟别人发暧昧露骨的消息，她与丈夫理论，却被丈夫殴打。凌晨3点，她难以入睡，就把丈夫叫醒质问。丈夫从睡梦中醒来，不耐烦地说："你是不是没吃药？快去吃药！"她受不了丈夫的这种侮辱，等丈夫入睡后，把丈夫的整个阴茎都割了下来。

在一些极端的案件里，配偶把出轨、家暴的丈夫杀害时有发生，最终家破人亡。

一个个血淋淋的案例，无一不在告诫我们，不要低估因爱生恨所带来的破坏力。

它可以毁天灭地！

⚭ 出轨导致牢狱之灾

偶尔有来访者问我，该如何跟别人发生不正当性关系才不被诬告强奸？我答曰：远离不正当性关系是自保的最好方式，没有之一。

曾经有位同事说，他之前办理过一起强奸案。一位已婚男出轨一位未婚女孩。有一天他们在女孩的宿舍里通奸，被女孩的男朋友撞见了。男朋友指责女孩背叛他，女孩说是被强迫的。这位男朋友要求已婚男赔偿5000元，后来降到2500元，但已婚男一分钱都不给，坚称是女孩自愿的。女孩为了让男朋友相信她是被迫的，当即报警了。于是，已婚男当天就被刑事拘留了。根据实务经验，公安机关一旦将其刑事拘留，即使最终证据不足，也往往是37天后才放人。

因通奸事发而转为强奸的案件里，嫌疑人总是说自己是清白的，辩称对方为了自保清白，而把责任往自己身上推。比如，甲和几个朋友一起回到宿舍喝酒，甲的女朋友不胜酒力，先回到房间睡觉。随后，乙也喝多了，要回房间睡觉，却进了甲的房间。甲的女朋友以为是男朋友，而与其发生了性关系。凌晨2点，甲发现自己的女朋友被睡了。女朋友辩解说自己被强奸了，于是报案。

第三节　发现配偶出轨该怎么办

　　"婚外情"贯穿热播剧《离婚律师》剧情始终，一方面是为了吸引观众眼球，另一方面也从侧面反映了现实生活中"婚外情"并不罕见。我们统计过，在2014年至2016年中国裁判文书网公布的一审离婚判决中，有54505份涉及婚外情。

　　当自己的另一半有了情人时，每个人会有各自不同的处理方式。剧中的池海东属于死要面子活受罪型，妻子有了外遇，还得对外宣称是自己有了婚外情；苗锦绣属于被骗离婚耍泼型，糊里糊涂地被骗离婚，只能泼妇骂街；还有汤美玉属于折腾一阵和好型……

　　当另一半在外面有了情人，该怎么办才能最大限度地依法保护自己的合法权益呢？

　　第一，要尽快平复自己那颗受伤的心，一定要思考清楚自己想要什么，想得到什么结果。如果你只是想尽快结束这段不堪回首的婚姻，那尽快找专业家事律师暗中介入，制定解决方案。如果你仍然珍惜现有的婚姻，想挽回濒临破碎的家庭，那你只能用你自己想到的合适方式去挽回他（她）。至于是否能做到，则凭自己本事。这不是我的专长，更不是本书要传授的内容。

第二，不要让对方知道你已经知道了他（她）的婚外情，以免引起他（她）的警惕，给自己的取证增加难度。接着就是收集他（她）有婚外情的证据。

第三，在收集他（她）婚外情证据的同时，要尽快摸清、掌握家庭财产状况。比如，房产、存款、自家公司的财务状况、对外债权债务等，能够固定为证据的就要将之固定为证据。当然怎样固定证据，可能需要求助于专业的家事律师。

第四，合理化地处置自己名下的财产。这需要专业家事律师介入，而非自行处理。

第五，对方被发现出轨后，一般的心理是惊慌失措、害怕离婚和愧疚，很可能会试图挽回。此时就是录音取证、签订有利的财产分割协议的最佳时机。若时间长了，对方就会由惶恐、内疚转变为自保心理，开始算计财产。此时再想签订对自己非常有利的财产协议，就难了许多。

当你很好地完成了前面的工作，那么在接下来的协议离婚谈判或诉讼离婚中就会立于不败之地了。无论什么形式的离婚，无非就是涉及这几个方面：是否离婚、子女抚养、财产分割、债务承担、损害赔偿等。

协议离婚谈判，比拼的是双方手中有多少令对方让步的筹码；诉讼离婚讲究你握有怎样的证据。所以说，生活中对方出现了情人并不可怕，可怕的是自乱阵脚。自乱阵脚的后果就仅剩泼妇骂街一条路了。

第四节　发现出轨，如何固定证据

☙ 如何利用录音证明对方出轨

想用录音证明对方出轨，最有效的四个场合分别为：

1. 与配偶就出轨问题对话时。

2. 在家里放置录音笔、旧手机。对方在家里与情人通电话、视频或把情人带回家，都能录到有用的内容。

3. 在车上放置录音笔、旧手机。对方在车上与情人通电话、视频或把情人带上车，都能录到有用的内容。

4. 与情人对话时。虽然该证据不能在离婚案中用于证明配偶出轨（因为法院无法将情人追加到离婚案中。对方可以否认录音中的人是情人，辩称可能是你找人扮演的），但是，如果配偶曾经转过账给他/她，你可以另案起诉情人返还财产。此时，情人就是案件里的被告。当你出示该录音时，对方需要回答录音中的人是不是其本人。若承认了，则可证明配偶出轨；如果对方不承认，则直接申请声像鉴定。

录音取证需要注意的问题：

1. 要保留录音的原始器材，将来要出示该录音器材作为原始载体。

2. 在与配偶、情人对话中，要找机会称呼其名字，问清楚关系，有无钱财赠与，金额是多少，等等。

3. 交给法院的录音，要完整未经剪辑。

⚭ 如何利用微信 / 短信证明对方出轨

一般的当事人，发现配偶出轨的微信对话时，他会把对话内容一一截图或拍照。这种取证方式完全是徒劳的。因为这种微信对话的图片完全可以通过软件生成，无法作为定案依据。

曾听闻，某妻子在丈夫的手机微信里发现丈夫与一女孩的出轨对话，她一气之下把微信聊天对话合并转发到丈夫的各个微信群里，唯独没有合并转发给自己。这就非常可惜了。

因为转发到各个微信群里的合并对话记录，是没法拿到法庭上出示的。正确的做法是，应该把聊天记录合并转发到自己的微信。这样，在法庭上就可以出示自己的微信界面，有原始载体。

对方可能会辩解这组对话是编造的。但他的微信里长达几天的出轨聊天信息，按常理不可能是编造的。因为，如果有人偷用自己的微信跟另外一个人聊天，聊十几分钟是有可能的，或者半夜里聊天也是有可能的。但连续几天都有记录，而且没被删掉，本人不可能没发现。对方也有可能辩解是你篡改了手机电子数据记录，然而双方都有手机原始载体，均可供司法鉴定。对方明知道这些资料都是真实的，根本不可能申请鉴定。那么，对方没对其主张举证，法院就不会采信他的辩解。

除此之外，在有时间的情况下，还可以用自己的手机录制视频，按照以下七点录制成一个连续不断的视频。

1. 以录像方式固定微信对话内容和微信主体相关信息。由于视频是连续不间断的，可以保证微信对话内容与微信主体信息一一对应。

2. 发现出轨照片和视频，第一时间转发到自己的微信中，并删除转发记录，以免打草惊蛇。

3. 视频从上到下拍录整个对话内容，务必保证清晰可见。

4. 视频要拍下"账号与安全"中的"微信号"和绑定的"手机号"。日后可通过调取微信流水和登记资料来证实微信的使用人。

5. 在有时间和安全的情况下，将语音对话逐条翻译成文字，并播放。

6. 检查收藏文件夹中是否有其他出轨证据。

7. 保管好录制设备和原始视频文件，以便对方提出鉴定时可以提供检材。

当你发现对方的手机有出轨短信时，取证方法又有所不同。因为短信与微信不同，我们无法合并转发对话记录。此时，唯一的办法就是把手机拿走。只有这样，上了法庭才能出示手机原始载体里面的短信内容。

⚭ 如何利用照片/视频证明对方出轨

获得出轨照片和视频，无非就是两种方式：

1. 跟踪配偶，拍摄其与情人在一起的照片或视频。

2. 寻找配偶收藏的照片和视频。

鉴于很多人与情人在一起会拍照片、视频留念，寻找该类文件是最为省心、省力、省钱的办法。寻找的方法有：

1. 在其手机相册、微信聊天记录、收藏夹里找。

2. 在其电脑隐藏文件夹里找。

3. 用其手机号及短信验证码登录邮箱、QQ、网盘找照片、视频。

一旦找到该类照片或视频，一定要复制备份一套到自己的优盘或硬盘。有些当事人用自己的手机拍照，效果很差。因为拍出来的照片，无法检验照片中的出轨照片是不是合成的。

第五节　跟踪偷拍的证据有效吗

💍 长期跟踪会有什么后果

如果想"实锤"配偶出轨，长期跟踪无疑是成功率最高的方式。在 1 个月内，其必然会跟情人见面。如此，你就知道情人的模样、他们在哪些地方偷情。无论是拍摄还是现场抓奸，均可实现。然而，长期跟踪他人，涉嫌侵犯公民个人信息罪 [1]。

为何他人行踪属于公民个人信息？这还得从一起婚外情调查案例说起。

浙江绍兴上虞男子陆 ×× 在网上发布了专门调查婚外情的信息，2013 年 3 月，赵某通过网上信息找到被告人陆 ××，要求调查其丈夫的外遇情况并商定支付定金

---

1 《刑法修正案（九）》把"非法获取公民个人信息罪"改为"侵犯公民个人信息罪"。

2000 元。陆××跟踪赵某丈夫的行踪并拍摄录像，后将赵某丈夫与他人的会面情况及落脚点通过优盘储存的形式交给赵某，并从中非法获利共计人民币 8000 元。案发后，公安机关从被告人处扣押了作案工具佳能牌数码相机一部、HD 牌数码 DV 一部、望远镜一个。

法院认为，被告人陆×× 以跟踪偷拍的方式非法获取公民个人信息，情节严重，其行为已构成非法获取公民个人信息罪，判处拘役 5 个月，缓刑 10 个月，并处罚金人民币 4000 元。

这起案例把个人行踪定为公民个人信息，但处罚的对象是私家侦探的调查人员，而没有对妻子判刑。这也许是公安机关考虑了夫妻关系的原因。当时，法律并没有明确个人行踪属于公民个人信息，而是通过司法实践确定的。最高法还在《刑事审判参考》发布的第 1009 号指导案例中，把"个人行踪"认定为"公民个人信息"。

2017 年 5 月 8 日，最高人民法院、最高人民检察院发布了《关于办理侵犯公民个人信息刑事案件适用法律若干问题的解释》，把"个人行踪"正式确定为"公民个人信息"。因此，长期跟踪配偶确实有可能构成该罪，不可轻视其刑事风险。

💍 在家里偷拍 / 偷录有效吗

根据《民事诉讼法司法解释》第一百零六条[1] 规定，只有以下

---

[1] 《最高人民法院关于适用〈中华人民共和国民事诉讼法〉的解释》第一百零六条规定："对以严重侵害他人合法权益、违反法律禁止性规定或者严重违背公序良俗的方法形成或者获取的证据，不得作为认定案件事实的根据。"

三种情形属于非法证据：

1. 以严重侵犯他人合法权益的方式获取。

2. 以违反法律禁止性规定的方式获取。

3. 以严重违背公序良俗的方式获取。

由于家里是夫妻的共同住所，双方对该空间均有支配权，在家里发生的事情，在夫妻之间也就不存在隐私。原则上，在家里偷录、偷拍没有严重侵犯他人合法权益。唯一有争议的地方在于，一方长期偷拍、偷录有没有严重侵犯他人隐私。所以建议理智判断对方可能出轨的时机，进行录音和录像。

当对方认为一方存在长期偷录、偷拍的行为，需要举证证明。偷拍、偷录的一方只是提供了某一天的证据，完全可以抗辩是刚好在这一天拍到或录到的，并没有天天偷拍、偷录。这也就不涉及长期偷拍、偷录的问题。

然而，如果在情人家里安装摄像头、放置录音笔，或者从对面的阳台远程拍摄房间活动，则明显侵犯了他人隐私。至于偶尔拍摄到他们在阳台、房间内的出轨行为，是否属于严重侵犯他人隐私，则法官有一定的自由裁量权。

◍ 在车上偷拍／偷录有效吗

在车上偷拍、偷录分两种情形。

第一种是配偶和情人在车上发生性关系或有拥抱、接吻等亲密行为，当事人在十几米外偷偷拍摄。此时，车辆在公共场所。根据公共场所无隐私的原则，当事人进行这样的拍摄取证并不侵犯他人合法权益。同样地，如果他们在车上偷情，被公共监控设备所拍摄，这类视频证据也是合法有效的。

第二种是在车内放置录音器材，则要区分该车辆是不是夫妻共同财产或共同使用支配的车辆。如果是，则一般不侵犯隐私。如果在夫妻财产之外的车辆放置录音器材，则侵犯隐私。至于当事人想在车辆上安装录像器材，显然需要针孔摄像头，下文另有分析。

💍 用针孔摄像头拍摄有效吗

我国法律禁止民间使用窃听、窃照专用器材[1]，而针孔摄像头属于该类器材。使用该类器材所拍摄出来的视频画面明显与

---

1 《刑法》第二百八十四条规定：非法使用窃听、窃照专用器材，造成严重后果的，处二年以下有期徒刑、拘役或者管制。

《禁止非法生产销售使用窃听窃照专用器材和"伪基站"设备的规定》第三条规定：本规定所称窃听专用器材，是指以伪装或者隐蔽方式使用，经公安机关依法进行技术检测后作出认定性结论，有以下情形之一的：（一）具有无线发射、接收语音信号功能的发射、接收器材；（二）微型语音信号拾取或者录制设备；（三）能够获取无线通信信息的电子接收器材；（四）利用搭接、感应等方式获取通讯线路信息的器材；（五）利用固体传声、光纤、微波、激光、红外线等技术获取语音信息的器材；（六）可遥控语音接收器件或者电子设备中的语音接收功能，获取相关语音信息，且无明显提示的器材（含软件）；（七）其他具有窃听功能的器材。

第四条规定：本规定所称窃照专用器材，是指以伪装或者隐蔽方式使用，经公安机关依法进行技术检测后作出认定性结论，有以下情形之一的：（一）具有无线发射功能的照相、摄像器材；（二）微型针孔式摄像装置以及使用微型针孔式摄像装置的照相、摄像器材；（三）取消正常取景和回放显示器的微小相机和摄像机；（四）利用搭接、感应等方式获取图像信息的器材；（五）可遥控照相、摄像器件或者电子设备中的照相、摄像功能，获取相关图像信息，且无明显提示的器材（含软件）；（六）其他具有窃照功能的器材。

合法正常的摄影器材所拍摄的不同，当对方要求提供拍摄器材进行鉴定时，很容易就露馅，还会受到拘留的治安处罚。通过针孔摄像头取证，属于法律禁止的手段，因此所取得的证据也会无效。

第六节　发现配偶赠送情人钱财，怎么办

💍 能否要回赠送情人的钱财

网络中流传一则笑话：某老板 2005 年包养情人，在广州买了一套房子给情人住，每个月给情人 5000 块钱，买房子花了 50 万元左右。2010 年跟情人分手了，他把房子卖了，得钱 240 万元。算下来不仅没让情人得到好处，最后自己还赚了 160 万。老板妻子得知后臭骂了他一顿，怎么只包养一个情人，这钱比做生意来得快多了！

笑话归笑话，现实中牵涉情人的婚姻是残酷的。婚外情可谓婚姻杀手，既摧毁了家庭，也伴随着巨额的经济纠纷，而房产纠纷则是此类纠纷当中剪不断理还乱的焦点。

1. 出资以情人名义购房，能要回房产吗？

这种情况下，房产证登记在情人名下，属于他人的物权。出轨一方只是赠与情人金钱，而不是房子。配偶只能起诉要求返

还金钱，而不是房子。也就是说，若干年后房屋从原来的200万元涨到300万元，配偶也只能要回200万元出资款，而不是价值300万元的房子。

2. 将房产赠与情人，能要回房子吗？

为了讨好情人或方便与情人约会，或者跟情人生育了子女，出轨方也有可能将其名下的一处房产赠与情人。

如果房产是出轨方的婚前个人财产，配偶则无权要求返还。如果房产是夫妻双方共同所有，配偶则可以要求返还房屋。

3. 在遗嘱中给情人留有房产，该怎么办？

此举违反了公共道德与公序良俗，该遗嘱没有法律效力；遗嘱无效的，则按法定继承处理，即先分一半给配偶，剩下一半则由配偶、子女、父母均分。

4. 低价将房产售给情人，能要回来吗？

假设丈夫名下有一套房子市值300万元，但以100万元价格卖给了情人。此时，由于价格低于市场价的70%，是一个不合理的价格，因此情人受让该房子不是基于善意的，配偶有权要求返还房产。

如果交易价格是220万元，没有低于市场价的70%，则是合理的价格。如果交易流水反映，情人已经支付了对价，配偶想要情人返还财产，则还需要证明他们存在不正当男女关系，从而证明情人受让该房子不是基于善意的。

在证据难以取得的情况下，妻子还可以另辟蹊径，在离婚案中主张丈夫赔偿损失。比如，该房子值300万元，要求丈夫赔偿150万元以上。

⚭ 如何要回赠送情人的钱财

大家来思考一下以下两个场景：

1. 丈夫前前后后赠与情人共 300 万元，如今他们要分手。丈夫想起诉情人返还财产，但又不想妻子知道。有没有办法？

2. 妻子发现丈夫赠与情人钱财，但没有相应的转账流水，妻子有没有办法起诉情人返还财产？

在第 1 种情形里，丈夫起诉到法院，该称他们是情人关系，还是借款关系？如果当初没有借据，则无法按借款关系来还款。如果丈夫称是情人关系，赠与情人的钱财违反公序良俗，法院会追加妻子为原告或第三人。此时，妻子一定会知道。即使法院不追加妻子，涉案的 300 万元是夫妻共同共有，丈夫已经赠与情人了，妻子是否追认这个赠与行为，则法院无法知道。那么，法院就无法以无权处分为由，判决情人返还财产。

在第 2 种情形里，妻子起诉情人返还财产，需要证明丈夫给情人钱的事实。一般而言，没有丈夫的配合，很难找到这些证据。除非在日常生活中找到转账单，或在离婚中的银行流水里发现转账记录。

显然，无论是前者还是后者，没有夫妻俩的共同配合，都不大可能成功。这其实就演变成丈夫、配偶和情人之间的博弈。

⚭ 是否必须要回赠送情人的钱财

丈夫把钱给了情人，妻子要不要起诉返还财产？其实，这不是一个法律问题，而是利益问题。而能不能起诉返还财产，才是法律问题。因此，这是丈夫、妻子和情人的博弈，下面我们分情形来分析：

1. 若丈夫跟情人决裂，他会主动跟妻子联手要回财产。这不在于他有多爱妻子，主要是这是他们的共同利益。当然，我们也遇到过来访者问能不能不告诉妻子而要情人返还财产的情况，事实上，没有妻子的配合，根本无法成功。

2. 丈夫跟情人决裂，情人掌握丈夫的致命把柄，丈夫会劝妻子不要起诉。

3. 在第 2 种情况下，妻子决心要跟丈夫离婚，就会考虑起诉返还。她不会再顾及丈夫的颜面和安全，会主要考虑自己的利益。

4. 在第 2 种情况下，妻子不希望离婚，以丈夫为中心。有些妻子，当丈夫赌输钱了，会照样过日子。有些妻子，既要丈夫又要钱，也许会把丈夫弄得非常难堪。若情人在丈夫面前一副楚楚可怜的样子，甚至假装为丈夫喊冤，丈夫很可能会联合情人对付妻子，最终，妻子人财两空。

5. 丈夫既不想跟情人决裂，又不想离婚。妻子以正室自居，既想要丈夫，又一心想扳倒情人，有可能会造成把丈夫推向情人的局面，使他们联合起来对付自己。

当来访者提出既想把钱要回来，又想把丈夫要回来时，有经验的离婚律师会建议她们去上情感专家的婚姻挽回课，而不是敲她们的脑袋：你最多只能二选一，甚至只能要钱不要人。搞不好，她们反而会认为是律师在讹钱。

第七节 控告重婚的四大要领

✇ 如何迅速判断有无控告重婚的可能

当夫妻一方出轨，尤其有私生子的时候，来访者总是以为可以告对方重婚。实在是大错特错了。

什么是重婚？必须与他人领取了结婚证，或者对外以夫妻之名共同生活。有私生子不等同于以夫妻名义共同生活。这是很简单的逻辑。

从"以夫妻名义""共同生活"两个条件，我们就可以进一步判断有无控告重婚的可能。

"以夫妻名义"，要么领了结婚证，要么在一些申报材料里填写了夫妻关系、提交假的结婚证。大家可以想想在什么场合下会用到"夫妻关系"的资料？在医院做产检、分娩、堕胎、领取出生证、孩子入户口的时候。因此，有无私生子，有无流产、堕胎住院记录，就是一个标志性事件。

"共同生活"，要求持续较长一段时间生活在一起。只有这样才会产生邻居、小区保安的证人证言。如果夫妻一方几乎每天都回家吃饭睡觉，何来与他人共同生活呢？一般而言，异地夫妻容易出现这种状况。

⚭ 报案的五大注意事项

当夫妻一方掌握了对方重婚的犯罪线索后，可以选择向公安机关报案。那么，向公安机关报案，需要注意什么问题呢？

1. 向哪个公安机关报案？

根据法律规定，当事人可以选择向"犯罪行为地""嫌疑人／被告人居住地"的公安机关报案。

"犯罪行为地"是指重婚行为的发生地和结果地，主要包括"结婚的登记地""以夫妻名义共同生活"的地方。如果有登记结婚，确定结婚登记地是比较容易的。伪造结婚证的话，就没有实际登记地。

以夫妻名义共同生活的地方，主要通过证人证言、拍摄视频、租赁合同、上网合同、物业费、居住证、人口信息等证据来证明其共同生活的地方。

"嫌疑人／被告人居住地"指的是其户籍所在地。如果离开户籍所在地在某个地方连续居住 1 年以上，视为经常居住地，此时以经常居住地为准，须通过查询人口信息来确定。

如果向公安机关报案，我建议选择向他们共同生活地方的公安机关报案，便于调查取证。

2. 报案时，要有证明属于该公安机关管辖的证明材料。否则，可能会遭到"踢皮球"。

3.要有较为充分反映他们以夫妻名义共同生活的书证，如伪造的结婚证、手术同意书、申报计生／户口的资料里填写的夫妻关系等。

4.要事先让证人写好书面的证言、证人身份证信息、联系方式，报案时最好能直接带到派出所做笔录。在报案后，也可以找时间带证人到派出所做笔录。

5.提供较为准确的犯罪证据线索。

大部分人向派出所报案时，连基本的证据材料都不足。在没有取得书证的情况下，最为关键的是让证人去派出所先做笔录。至于书证，会保存在有关部门里，可以提供具体线索给派出所，促使派出所立案后去有关部门调取。

如果报案时既没有书证，也没有证人证言／证人名单，只有一些出轨视频、照片，公安机关一般不会立案。

选择向公安机关报案的方式控告重婚的优点是公安机关侦查能力强，难点是立案难。

当证据较为充分时，如私生子已上户口、办结婚喜酒的视频、多位无利害关系的证人的证言、部分书证，可以考虑让媒体监督和检察院监督立案，双管齐下。

🔗 起诉的四大注意事项

除向公安机关报案外，当事人还可以自行到法院起诉对方犯有重婚罪。那么，需要注意什么问题呢？

1.向什么法院起诉？

根据法律规定，当事人可以选择在"犯罪行为地""嫌疑人 / 被告人居住地"的法院起诉。我建议优先在他们共同居住生活所在地的法院起诉，因为证人出庭会更为方便。

2. 有证明管辖权的证据，主要是被告人的户籍、常住人口信息。

3. 自诉状包括的内容：

a. 自诉人（代为告诉人）及被告人的姓名、性别、年龄、民族、出生地、文化程度、职业、工作单位、住址、联系方式；

b. 被告人实施犯罪的时间、地点、手段、情节和危害后果等；

c. 具体的诉讼请求；

d. 致送的人民法院和具状时间；

e. 证据的名称、来源等；

f. 证人的姓名、住址、联系方式等；

g. 有初步的证据，主要用于说服法官出具律师调查令。

4. 要申请法院出具补充材料通知书 / 律师调查令。很多书证保存在医院、民政局、学校、公安机关、计生部门里面，没有法院的补充材料通知书或律师调查令，很难调取到这些书证。如果持有法院的文书都调取不到，则应申请法院调取，并提供具体的证据线索。

当事人自行到法院起诉重婚罪的好处是立案容易，在谈拢财产分割时可自主撤诉，坏处就是调查取证主要靠自己的律师完成，律师的调查权限比警察的调查权限小太多了。

⚭ 常见的重婚罪证据

控告、起诉重婚罪，最重要的就是证据。因此，大家要知道哪些证据有用。

1. 结婚证。一旦发现这种书证，一定要第一时间收缴原件。随后到当地民政局调取结婚登记档案。只要档案存在，就构成重婚罪了。

2. 住院资料。他可能会在这类资料中填写了名字和夫妻关系，可以证明他们对外宣称夫妻。

3. 私生子入户资料。这类资料中，可能会有伪造的结婚证、申报夫妻关系的表格，也可证明他们对外宣称夫妻。

4. 证人证言。一般邻居、小区保安能证明他们共同生活在一起。

5. 视频、照片。一般是摆结婚喜酒时形成的视频和照片，证明他们对外已宣称夫妻。

当没有第 1 类证据时，要证明他们犯重婚罪，需要书证和证人证言结合，才可以形成完整的证据链条。

第八节　忠诚协议有用吗

⚭ 忠诚协议是一剂毒药

很多来访者发现自己丈夫出轨，但一时不想离婚，又担心丈夫继续出轨。因此，希望签订一份完善的忠诚协议来保障自己。

比如，一位女士发现丈夫嫖娼后，丈夫跪地求饶，一再保证不再犯。再如，一位丈夫出轨后，保证再也不跟情人来往，否则就净身出户。

一般而言，我不建议客户接受净身出户的保证书。这类保证书，又叫忠诚协议，是指一方承诺如果出轨，就给予相应赔偿或净身出户或某些财产归另一方所有的协议。很多人都以为，拿到这样的协议，婚姻就有保障了。即使将来对方出轨，也能保障自己的财产权益。殊不知，当你拿到这份协议的那一刻，你的婚姻就离死亡不远了。

为什么？

因为，出不出轨，跟人的自控力有关，也跟夫妻性生活和不和谐有关。

我所经办的这类离婚案件里，大多的夫妻性生活不和谐，要么是因为丈夫与妻子共同生活久了，两个人之间失去了一些激情；要么是因为柴米油盐等生活琐事消磨了两人之前的感情。无论是哪一种，都说明性生活在夫妻生活中起着非常重要的作用。

如果夫妻性生活不和谐，而男人有十分强的自控力，也是不会出轨的。但有时候，夫妻性生活还算和谐，男人仍然出轨上瘾，这就说明丈夫的自控力非常差，即使签了这份协议，他仍然相信自己出轨不会被发现，会变得更加小心翼翼。

而没有出轨的一方呢，由于早就种下怀疑的种子，这个种子随着时间的推移，会在她心里扎根成长。丈夫平常早出晚归，衣服、手机、包包每天都会被检查，她俨然变成福尔摩斯，不放过丈夫有可能出轨的任何一丝痕迹。因为，只有抓到丈夫的出轨证据，她才能保障自己的权益啊。

这样的日子，谁能受得了？

我见过一些人，签了一份忠诚协议，过了几个月又吵架，又签，直至他们离婚的时候，足足签了10份忠诚协议。

不仅如此，当你把这协议当作"贞操锁"时，它却有可能是一份无效的协议。

⚭ 法院对忠诚协议的态度

最高人民法院民一庭第二合议庭在《民事审判指导与参考》第 64 期中发表的《关于 2012—2014 年离婚案件相关情况的调查分析报告》指出：

> 当初起草《婚姻法司法解释（三）》时，对"忠诚协议"的效力问题作了专门规定："夫妻双方签订相关忠诚协议，人民法院经审查没有欺诈、胁迫等情形，应当认定为有效。如果当事人约定的赔偿数额过高，一方可以请求人民法院予以适当调整。"但由于对该问题的争议过大，起草过程中将其搁置。
>
> 虽然"忠诚协议"问题缺乏相关规定，但法官不能拒绝裁判，故目前各地法院裁判不一。有认定"忠诚协议"有效的，也有认定无效的，还有主张"忠诚协议"属于道德、感情范畴的协议，法院不应赋予其强制执行力。一旦法院认定"忠诚协议"有效，当事人就要费尽心思证明对方具有出轨的行为，势必出现捉奸成风的负面社会效应，不利于婚姻家庭关系的稳定。
>
> 综合考虑实际情况及权衡利弊，我们更倾向于法院对有关"忠诚协议"问题不予处理，此类协议应当依靠当事人自觉自愿地履行。

从最新司法动向来看，忠诚协议的效力可能会越来越得不到法院的支持。《民法典》及其司法解释亦未对此进行明确。

因此，遇到对方出轨，就不要再迷恋什么保证书、忠诚协议了。要么离婚，要么来点实在的——把婚前房子加名，或签署财产协议直接约定某些重大财产归受害方所有，不以出轨为条件。如果出轨一方连这点也不愿意，受害方还是早日做好离婚的准备吧。

借用王朔的话作为结语——（这事）就像童话中两个贪心人挖地下的财宝，结果挖出一个人的骸骨，虽然迅速埋上了，甚至在上面种了树、栽了花，但两个人心里都清楚地知道底下埋的是什么。看见树、看见花，想的却是地下的那具骸骨。

婚姻出轨思维导图

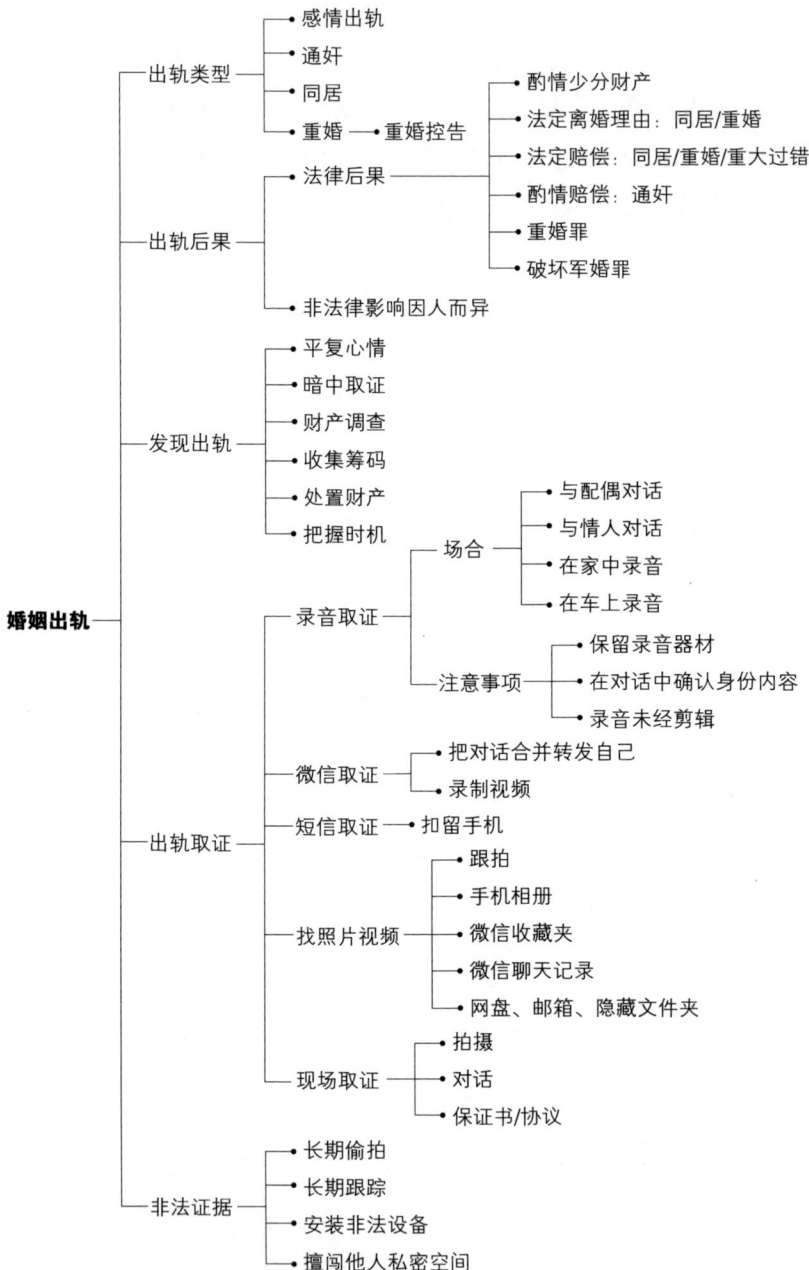

- **婚姻出轨**
  - 出轨类型
    - 感情出轨
    - 通奸
    - 同居
    - 重婚 —— 重婚控告
  - 出轨后果
    - 法律后果
      - 酌情少分财产
      - 法定离婚理由：同居/重婚
      - 法定赔偿：同居/重婚/重大过错
      - 酌情赔偿：通奸
      - 重婚罪
      - 破坏军婚罪
    - 非法律影响因人而异
  - 发现出轨
    - 平复心情
    - 暗中取证
    - 财产调查
    - 收集筹码
    - 处置财产
    - 把握时机
  - 出轨取证
    - 录音取证
      - 场合
        - 与配偶对话
        - 与情人对话
        - 在家中录音
        - 在车上录音
      - 注意事项
        - 保留录音器材
        - 在对话中确认身份内容
        - 录音未经剪辑
    - 微信取证
      - 把对话合并转发自己
      - 录制视频
    - 短信取证 —— 扣留手机
    - 找照片视频
      - 跟拍
      - 手机相册
      - 微信收藏夹
      - 微信聊天记录
      - 网盘、邮箱、隐藏文件夹
    - 现场取证
      - 拍摄
      - 对话
      - 保证书/协议
  - 非法证据
    - 长期偷拍
    - 长期跟踪
    - 安装非法设备
    - 擅闯他人私密空间

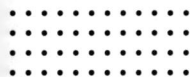

第七章
对家暴说"不"

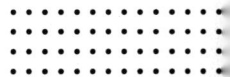

第一节　什么是家暴

　　家庭暴力的定义出现在《反家庭暴力法》和《婚姻法司法解释（一）》里，两个定义是有差别的，导致在实务中有所争议。

　　《反家庭暴力法》第二条规定：

　　本法所称家庭暴力，是指家庭成员之间以殴打、捆绑、残害、限制人身自由以及经常性谩骂、恐吓等方式实施的身体、精神等侵害行为。

　　《婚姻法司法解释（一）》第一条规定：

　　家庭暴力是指行为人以殴打、捆绑、残害、强行限制人身自由或者其他手段，给其家庭成员的身体、精神等方面造成一定伤害后果的行为。持续性、经常性的家庭暴力，构成虐待。

　　我们可以对照以下表格，看两者的区别。

法规	《反家庭暴力法》	《婚姻法司法解释（一）》
行为主体	家庭成员，非家庭成员但共同生活的，可参照执行	仅家庭成员
分类	身体暴力、精神暴力	身体暴力、精神暴力
手段	列举了经常性谩骂、恐吓等精神暴力	对精神暴力的方式未列举
后果	不需要后果	需要造成一定伤害后果

对比两个概念，我们发现《反家庭暴力法》对家暴零容忍。只要出现上面的侵害行为，就是家暴。比如，丈夫打妻子一巴掌，显然属于殴打行为，属于家暴。

然而，根据《婚姻法司法解释（一）》的规定，丈夫打妻子一巴掌，未必会有轻微伤，无法看到后果。所以，法官就有很大的裁量权。你说对方打你一巴掌是家暴，可是伤害后果看不到啊，你要证明有什么后果啊！诊断证明里看不出来是轻微伤，那么法官就可以认为不算家暴。主要的冲突就在这里。

假设你被打了一巴掌，家里的家具都被砸了。你申请人身保护令，法院会根据《反家庭暴力法》来操作。但是，在离婚案里，法官往往适用《婚姻法》。虽然，前面法官给了你人身保护令，但只能代表有家暴的危险，符合申请人身保护令的条件，不等于已经发生了家暴。具体是不是家暴，还得重新看证据。

《民法典》实施后，最高人民法院已经废止了《婚姻法司法解释（一）（二）（三）》。自 2021 年 1 月 1 日起发生的家暴，法院只能根据《反家庭暴力法》的定义认定了。

从两个定义看，我们可以排除一些不属于家暴的情形：

第一，冷暴力，不是暴力。两个人不说话，冷漠相对，只能说明双方感情没了，但不是暴力。

第二，经济控制，不是暴力。尽管在一些家暴案件中往往伴随着经济控制，但只是家暴的辅助手段，不是法律认可的暴力。

第三，性暴力，无疑是对女性身体和精神十分严重的残害，但法律没有明确列举出来。不过，一般的性暴力都会伴随着殴打、限制人身自由的出现，甚至本身的性暴力行为就是对身体的残害。

比如，一位丈夫总强迫妻子与他发生性关系，如果妻子不配合，他就殴打妻子，捆绑妻子，把衣服撕破，掐妻子脖子，等等。这些行为本身就是身体暴力，会在妻子身上留下伤害的痕迹。

随着周期性的残害，这位女性已经产生了恐惧。丈夫一个不满意的眼神或一句辱骂，她就知道要挨打了。所以，她只好配合丈夫。这个时候，丈夫没有用到身体暴力，只是威胁，但也算暴力。只是，要证明此种暴力非常困难。

最后，需要强调的是，经常性的恐吓、谩骂属于精神暴力。

最高人民法院在 2014 年发布了十起司法干预家庭暴力的典型案例，比如以下两起：

> 在郑某丽诉倪某斌离婚纠纷案中，男方经常击打一个用白布包裹的篮球，上面写着"我要打死、打死郑某丽"的字句。法院经审理认为，婚后被告将一个裹着白布的篮球挂在家中的阳台上，且在白布上写着对原告具有攻击性和威胁性的字句，还经常击打篮球，从视觉上

折磨原告，使原告产生恐惧感，该行为构成精神暴力。

在郝某某诉郝某华赡养纠纷案中，儿子经常性谩骂、威胁老人，针对申请人提出的人身安全保护裁定申请，法院经审理认为，被申请人郝某华对申请人郝某某经常进行言语威胁、谩骂等行为，导致申请人终日生活在恐惧之中，故其申请符合法律规定，应予支持。

第二节　远离家暴的最佳方法

家暴，严重破坏了婚姻安全里的人身安全。家暴的本质是通过暴力解决婚姻关系中的控制权，即你该做啥、不能做啥，否则暴力伺候。因此，施暴的一方往往也威胁到财产安全。一段美好的婚姻，需要从源头上抑制家暴。

远离家暴最佳的方法就是处理好第一次家暴。而要处理好第一次家暴，大家就要明白家暴的原理——为何会出现家暴？家暴的规律是什么？

根据我国反家暴专家陈敏老师的观点，施暴者分偶发型、两副面孔型、疯狗型[1]。我在此把两副面孔型的施暴者称为"阴阳人型"。

偶发型可能会因情绪激动而动手，但若处理不好，就会形成

---

[1] 《呐喊：中国女性反家庭暴力报告》，陈敏著，人民出版社，2007年5月1日版。

周期性，会转向阴阳人型。

阴阳人型，善于伪装，人前是谦谦君子，人后是虐待狂人。他们精于处理社会关系，甚至不会对朋友、同事、上司发脾气，但回到家就会打妻子、孩子。这种人使用暴力具有非常强的目的性，他非常清楚谁不能打、谁可以打、打哪里、打多少下。外人一般难以相信他是个暴力狂。

疯狗型，针对谁都有可能使用暴力。疯狗型一般有严重心理障碍、反社会人格、精神疾病。

家暴实施者以阴阳人型占绝大多数。根据陈敏老师的观点，此类人不可能靠心理治疗解决，也不可能通过婚姻咨询师来解决。因为，阴阳人型家暴带有很强的目的性，本质是通过暴力解决婚姻关系中的控制权，即你该做啥、不能做啥，否则暴力伺候。

阴阳人型施暴者，在思想上全是大男子主义，无一例外。他们的男权思想深入骨髓，相信可以用暴力控制对方，要拥有一种男尊女卑的奴仆式婚姻。暴力是他们维护这种婚姻最有用的手段，哪怕把对方打死。

这种人家暴，根本不是出于心理障碍，而是价值观扭曲，只能让他接受洗脑，接受男女平等的价值观，但实现的难度非常大。

在发生家暴的家庭中，只有偶发型家暴还有挽回的机会和必要，阴阳人型、疯狗型的家暴挽回可能性极小。

在这三种家暴中，很多人面对的可能是偶发型和阴阳人型的家暴。那么，其在首次遇到家暴的时候，要避免由偶发性进入周期性的家暴。

男尊女卑思想不严重的人，在情绪激动时动手打人，一般是推搡、打一巴掌之类的，这个时候你最好不要情绪激动，更不要跟对方互殴，而是立马喝住他，清晰地强调：

"你这样打人是家暴，是家暴！你不能这样打人！你以前不是这样的！"

这种失手打人的，一般听到这些信号，就会停下来反思自己的行为是否妥当。如果他停下来，并在最近几天里反思、忏悔、道歉，那么，他就是有救的。无论如何，你都要以对方事后道歉作为结束，而道歉的方式宜以书面形式记录下来。

无论如何，只要再发生第二次暴力事件，你就必须当场报警。否则，很容易演变成周期性的家暴。因为对方发现可以利用暴力解决双方的矛盾，让你服从他的观点。那么，下次发生矛盾的时候，他在沟通不顺畅时，就会故技重演，再次对你施暴。

如果在他第一次打你时，你喝住他，但他依然控制不住情绪，继续殴打你，那么他很可能是阴阳人型或疯狗型施暴者。

此时，你最好拿起手机把自己反锁在房间里，打开手机录音，并打110报警。因为，在这个过程中，他有可能会破门而入或找到钥匙开门，或者在门外继续辱骂、恐吓、喊打，需要有录音固定证据。

在这个过程中，你还可以问他为什么要打你。

他在情绪激动中，一般不会否认，而是直接回答你或辱骂你"我就打你了，我要打死你这个贱人"之类的话语。

如果来不及拿手机录音，建议往大厅、门口有监控的地方走，没监控就跑到屋子外，向邻居求救。

接下来，你要报警。如果警察没有依法处理，对方就可能会变本加厉。从施暴者心理上分析，他们在外面不会对朋友、同事、上司发脾气或使用暴力，是因为他们觉得会产生很严重的法律后果，是不安全的。报警无果，会加强他们"打妻子是安全的"心理。

除报警之外，我比较建议做的是，当天晚上或次日，让娘家两位以上的壮汉过来跟他谈话，并传递给他这样的信息——如果你再敢打她，我们就不客气了。

当他的心里产生了这样一个信号——我打妻子的话，可能会被报复，打妻子是不安全的，那么，他就再也不敢使用暴力来解决问题了。

遭到首次家暴，最糟糕的是会产生"家丑不可外扬"的想法。她既不报警，又不告诉自己的亲人，甚至骗家里人是摔伤的。此外，她还可能会想，报警或者跟家里人讲，把事情闹大了，会不会导致离婚？

担心离婚的想法，恰恰是施暴者最喜欢的，这只会让家暴越来越严重！

第三节　遇到家暴如何取证

　　杜绝家暴，最有用的手段就是惩戒。因为惩戒会让他心理上认为通过暴力手段控制对方是无效的，并且是危险的。大多数家暴得不到惩戒，主要是因为家暴证据链条难以取得。因此，家暴的现场取证，就变得至关重要。

　　在实务中，受害人不缺受伤的证据，因为这些都在她身体上。难的是什么呢？难的是证明谁动手打的她。

　　在一些案例里，妻子报警说丈夫殴打她，丈夫一口咬定妻子也打他了。民警一看，双方都有伤。于是，民警就可能说，你们双方都动手了，如果都要追究的话，就按相互斗殴处理，要拘留双方。此时，双方只好接受和解，各自不追究对方的责任。

　　经此一例，丈夫回到家里更加有恃无恐，甚至每次殴打妻子后，都在自己身上制造伤痕。妻子自然也会认为报警无用，只能带来更多的报复。于是，丈夫就可以继续利用暴力控制对方。妻子就会慢慢地习得无助。[1]

江门鹤山有一位妻子，在家里经常被丈夫家暴。在熟悉丈夫家暴的前奏后，她想了一个法子。她在大厅里装了一个摄像头，等丈夫准备从房间冲入大厅殴打她时，她急急忙忙开启了摄像机。这一令人发指的殴打经过全部被录制下来，她将其发布到微博上，瞬间引发网友的热议。次日，当地公安即介入该案，对她丈夫刑事拘留。

这个案件给我们带来很多启发。拍摄事情经过的监控录像，是家暴证据里最直观、最有效的证据。很多家庭出于防盗需要在家里安装摄像头，通常门口和大厅各一个。如果情况危急，应尽量前往大厅，让双方处于录像监控中。要注意摄像头应至少具备以下四个功能：

1. 高清；

2. 夜视；

3. 有声拍摄；

4. 云端储存。

一般家暴发生在深夜、凌晨，没有夜视和有声拍摄，可能还原不了事实真相。云端储存是为了防止对方家暴后毁坏内存卡，毁灭证据。

如果已经发生多次家暴，证据不足，想直接在明处安装摄像

---

[1] 最高人民法院中国应用法学研究所 2008 年发布的《涉及家庭暴力婚姻案件审理指南》指出：家庭暴力作为一种控制手段，随着周期性循环，越来越严重，越来越频繁。无法逃脱的受暴处境，使受害人"学会了无助"。因为这种在心理学上被称为"习得无助"的信念，受害人以为自己无论如何也摆脱不了对方的控制，因而放弃反抗，忍气吞声、忍辱负重、委曲求全。

头，几乎难以成功。对方可能会先毁掉监控再实施家暴。此种情况，建议在隐蔽处安装摄像头，熟悉其施暴前奏，在其实施殴打前及时开启摄像头。又或者，搬离共同居住的地方，回到父母家里，或自己租房子住。此时，则可以在房间门口安装监控。

一般而言，施暴者在受害者从家里逃离、失去控制关系时，会恼羞成怒，然后寻找受害者的住所，继续对其恐吓、施暴，迫使她回到原住所，回到被控制的状态中。

那么，就把接下来的事情全部用监控拍摄下来，报警以及申请人身保护令，让他搬离原住所，这些都可以实现。

如果你家没有监控，但家暴已经发生了，你可以长期开启录音笔或者用旧手机录音。旧手机比录音笔更好一些，原因在于即使对方发现手机，也不知道是在录音，也无法打开手机。你只要设置手机录音的文件夹自动上传云端，哪怕对方没收手机，你也可以在云端找回录音文件。

如果家里没有放置录音设备，在发生家暴前，双方一般会产生争执。争执过程中，你可以转身回房间拿手机开启录音，再出来跟他谈。总之，录音、录像是现场取证最好的办法。

如果实在不行，只能往外逃命，向邻居求救。等警察来了之后，邻居的证言或许还有些作用。

第四节　遇到家暴如何报案

⚭ 报警

被家暴后，很多人会选择打片警或派出所的电话报警。但有些民警一听说是家暴，可能会认为情况不紧急，怠于出警。为了避免这种麻烦，首先，大家应该打110报警。因为，所有打到110指挥中心的报案都会记入系统，然后分派到相应辖区派出所。派出所处理警情后，需要填写处理结果。因此，他们必须及时出警。

其次，打110时，应明确告知你被他人殴打了。如果殴打得严重，还应该在电话里描述被打得有多重。

最后，应告诉警察案发的具体地点，以便指挥中心准确安排相应辖区的警察到现场。

💍 警察到来之前的准备工作

第一，警察到来之前，手机应一直处于录音状态。因为在警察到来的这个过程中，你不知道还会发生什么事情。

第二，你要在心里告诉自己，你们到派出所后要做哪些事情，最好用纸写下来。

第三，你要有心理准备，最好能熟悉相关的法律法规。

最重要的法律法规包括《反家庭暴力法》《公安机关办理伤害案件规定》《公安机关办理行政案件规定》《治安管理处罚法》。

在伤情不严重的情况下，对警察说可以接受和解，前提条件是对方用书面形式就打人的事情赔礼道歉和做保证。所有的家暴案件至少要以书面形式赔礼道歉和做保证来结束。

💍 警察到来之后的处理

第一，依然保持录音。这样可以录到施暴者对这件事情的说法。如果他在对话中就已经承认了打人，那么日后要反悔就不容易。如果警察在这个过程中渎职，也有相应的证据。

第二，跟警察对话要理智，不要一开始就把警察当作假想敌，尽量不要用质问、反问语气。因为警察一般情况下都会保护受害者，这是警察的责任。

第三，要简要地讲清楚事情的来龙去脉以及对方是如何打你的。等你讲了事情经过，警察一般会向对方确认是不是这么回事，有没有打过你，等等。这就创造了录音锁定殴打事实的条件。

第四，不管对方是否承认以及警察是什么样的态度，你都要坚持请求警察带你们俩回派出所做笔录。

如果警察不主动带你们回去，你可以说：

警察同志，我知道这么晚不应该打扰你们，你们非常辛苦，可是我实在没有办法。他总是打我，如果派出所不处理，他以后还会继续打，而且会打得更厉害，那时我还是会报警。如果哪天打出人命，或者我不堪他殴打，对他实施报复，这么多报警记录，最后还是会牵连到你们。

警察同志，你看啊，《反家庭暴力法》第十五条规定，你们要依法取证；《公安机关办理伤害案件规定》中指出，你们要询问嫌疑人和受害人。你们依照程序做，才不会被他的家暴行为牵连到啊！

况且，我还有录音、录像可以证明他打了我。

而且，他刚才都承认打了我，我是有录音的。

这样一来，警察知道事情的严重性，就会把你们都带回去调查。

他们严格按照程序调查，既是保护你，也是保护他们自己。

第五，你到派出所后，可能又会面临很多调解。无论如何你都要把事情经过陈述清楚，让警察在笔录里记录清楚，在签字之前要检查所记录的内容是否跟你讲的一致。如果记录不一致，可以要求修改。记录被害人、嫌疑人的陈述是公安机关必须履行的职责。

第六，你务必搞清楚受理案件和立案的区别。只要有人报案被殴打，就属于公安管辖的案件，就必须受理。而公安机关是否刑事立案、是否行政立案，则是下一步需要解决的问题。

只要公安机关受理案件，就必须给报案人出具受理回执。这也就是为什么要先打 110 报警。如此，你有书面资料证明你曾经报过警，并且随时能根据受理回执查询案件。

🔗 如何固定伤情证据

经过了现场取证和报警，你基本已经解决了存在家暴和谁在家暴的问题，剩下的是解决伤情的问题。

一般来讲，有明显伤情的，要做伤情鉴定。出现轻微伤，就是造成一定伤害后果的证据；达到轻伤以上，就构成故意伤害罪，具体参照《人体损伤程度鉴定标准》。

然而，从案发现场到派出所再到医院，最后到司法鉴定中心，是需要时间的，也脱离了警察或对方的视野，你怎么保证验伤的地方就是当时导致的，而不是事后自己添加的？

所以，你就需要固定伤情证据。

1. 让警察拍照

到了派出所后，建议你请求警察把你受伤的地方一一拍下来。这些照片与后来的医院检查、司法鉴定中心拍的照片就对应得上了。本来在刑事案件里，警察会把照片都打印出来，让被害人辨认这是本人在 × 年 × 月 × 日被谁打伤的照片。但在家暴案件里，不一定严格按照这个程序，后续未必会做照片辨认笔录。

2. 让朋友拍照

当然，你也可以让朋友用你的手机把你每一处受伤的地方拍下来。既要拍单张某个部位的照片，也要拍一个连续的视频，把全身、受伤部分以及派出所的地点都拍下来。

为什么要这样做？

因为如果你只拍了上臂受伤的地方，单从照片上看，会看不出来是谁的手。等拍好照片和视频后，你可以把照片、视频发布到社交网络比如微信朋友圈中且对外不可视。以后要用到的时候，可以证明拍摄时间和地点。

3. 去医院治疗诊断

你到医院就医时，要陈述清楚受伤的原因，要与做的笔录保持一致。有些人为了用社保，就说成是自己跌倒受伤的，这就跟家暴受伤的原因对应不上了。你要把医疗发票、病历、检查记录、诊断证明等书面资料原件保留起来。

4. 伤情鉴定

你要请求派出所给你开一封司法鉴定介绍信，然后持介绍信、照片、就医资料到指定的司法鉴定中心做伤情鉴定，等待结果。

⚭ 如何做治安调解／和解

不管对方是什么类型的施暴者，做治安调解／和解都要围绕着自己的目标来考虑。

对于想达到固定证据和警告作用的，可以在当天就做调解／和解。

治安调解／和解书要有以下三个要点：

1. 一定要清楚具体地描述何人在何时何地如何殴打你，而不是用相互推搡、一方推搡、争吵、互相殴打等责任不清的描述方式。这些不清不楚的描述，你必须睁大眼睛看清楚了。

2. 一定要让施暴方用书面形式赔礼道歉并保证日后不再使用暴力。以后要证明对方家暴，也就有充分证据了。

3. 放弃追究法律责任的表述。

有时候和解书上会写"相互放弃追究对方的法律责任",或者"放弃追究所有法律责任"。这种表述是不负责任的,是对你不利的。正确的说法应是"放弃向公安机关追究其法律责任"。这样,你日后还可以在离婚案里追究其离婚过错责任。

第五节 如何申请人身保护令

人身保护令，很多时候是有必要申请的。对方打了你之后，你虽然报了警，但你害怕他还会继续打你，害怕他打你的方式更加隐蔽，你怎么敢再住在同一个地方？

此时，如果你搬出去的话，就要自己花钱租房子，也不便照顾孩子。

申请人身保护令就可以让对方搬出去。这样一来，你们分居的事实也确定了。

如果你带着孩子回娘家，对方来闹事抢孩子，把门砸了。你担心他再来抢孩子，那么你就可以申请人身保护令，说他有实施家暴的危险，禁止他跟踪、骚扰、接触你的近亲属。

◎ 在什么情况下可以申请人身保护令

当事人因遭受家庭暴力或者面临家庭暴力的现实危险时就可

以申请：

1. 受到家暴后，当然可以申请。

2. 有被家暴的现实危险，也可以申请。

对方发恐吓短信、打电话恐吓，或者到你娘家闹事，这些都表明有现实危险。

我们有一起案件，丈夫去娘家砸了东西，但没有打人，事后打电话恐吓，法院给当事人发出了人身保护令。

有人会担心，申请人身保护令会不会引起对方的报复？

根据我们的经验，在人身保护令出来之前，施暴者都会很凶，保护令出来之后他们大部分就不会再那么嚣张。这非常符合阴阳人型家暴者的心理活动。只要不是疯狗型施暴者，一般不敢违反保护令而再次打人。

🔗 在什么法院申请

当事人有三个选择：第一个是自己居住地的法院，第二个是对方居住地的法院，第三个是家暴发生地的法院。一般而言，选择自己居住地的法院会更好，有利于保护令的执行。

🔗 保护令有什么措施

根据《反家庭暴力法》规定，人身保护令的措施有：

1. 禁止被申请人实施家庭暴力；

2. 禁止被申请人骚扰、跟踪、接触申请人及其相关近亲属；

3. 责令被申请人迁出申请人住所；

4.保护申请人人身安全的其他措施，由法官行使自由裁量权。

⚭ 保护令的期限是多久

人身保护令的期限为 6 个月。在人身保护令到期前，当事人可以申请续期。

⚭ 对方违反人身保护令，如何救济

当对方违反人身保护令的时候，你应该立即固定证据，包括：

1.保留微信、短信骚扰、恐吓的记录；

2.保留电话恐吓的录音；

3.上门闹事或跟踪的，可以先报警，再向法院提交监控、对话录音和派出所的调查记录。

这些证据都是谈判的筹码。如果协商不成，你应该向发出人身保护令的法院的法官反映情况并提交相应证据。

被申请人违反人身安全保护令，将会受到司法拘留处罚。多次违反的，构成拒不履行裁判文书罪。

第六节　如何在法庭上发问，补强家暴证据

在法庭上，法官会针对有没有家暴的事实，对双方进行询问。

作为被施暴的一方，应当在开庭之前就对有关事实进行梳理，避免在法庭上回答模糊，前后不一。梳理的事实包括：

1. 事件的起因；

2. 时间；

3. 地点；

4. 对方具体如何打你，比如按住脖子；

5. 有没有报警，有没有就医。

等到法官问完对方后，首要的是要根据质证的情况，对视频、音频、照片证据进行发问补强。如：

1. 你要问视频、音频或照片里都有些什么人。如果对方说里面是原被告双方，那么，就可以锁定录音、视频或照片里的有关人员的身份。

2. 如果对方说不知道有什么人，你就要反问："明明这里面说

话的就是我和你，你连自己有没有讲过这些话都不清楚了吗？你连自己的声音都不认得了？我再跟你确认下，里面说话的男子是不是你，女子是不是我？"

此时，对方一般会承认。如果再不承认的话，就只能申请声像身份鉴定。鉴定的费用由申请人先交，最后鉴定出来是对方，费用就由对方来承担。

3. 你需要问对方："你对录音 / 录像的真实性认可吗？"

因为质证的时候，对方律师有可能对三性[1]不认可，但又讲不出所以然来。这样问是为了让对方亲口认可音像是真实的，没有被剪辑过。

如果对方说不清楚，那接下来就要问："这录音 / 录像里是不是我们那天晚上的对话？"

如果对方说是的，那就意味着对话是属实的，可以作为定案依据。

如果对方又说不清楚，你就要说："之前质证的时候你方说对这个证据的三性不认可，也就是说对真实性也不认可，而你现在又说不清楚，那你究竟是从哪里听出里面的内容不是事实的呢？"

这样可以让对方说出毛病。既然对方不断在撒谎，那就让对方继续撒谎。因为最终鉴定这个文件的时候，肯定用的是没有剪辑过的。这样可以极大降低对方陈述的可信度。

4. 当你补完音频、视频和照片证据后，要根据对方回答法官的问话描述的事情经过来找到对方撒谎的地方，最好设计的问题

1　指证据三性：真实性、合法性和关联性。关联性是指与证明目的的关联程度。

能够用音频、视频来印证真假。

撒一个谎，需要用很多个谎来掩饰，会经不起细节的追问。

比如，男方说那天没有打女方，只是双方吵架，相互推搡，但他没有殴打。

轮到我方发问的时候，就要问他："那天你们什么时候回家的？因为什么事情吵架而起冲突的？你能不能描述一下整个过程？"

男方开始回答："跟往常一样，我应酬完回家比较晚，大概10点多，一回到家她就甩脸色给我看，唠叨我老是这么晚回家，对家里的事情不管不顾，听得我心烦意乱。我在外面负责赚钱养家，累得像狗一样，一时激动，就跟她吵了起来。然后她就开始动手打我，我拦住她，不让她打。后来，我不小心把她推倒在地上。再后来，她就打电话报警，诬陷我对她家暴。"

此时，我方就要继续发问了。

问："你说到你经常应酬回家晚，女方老是埋怨你，对吗？"

答："是的。"

问："她老是这样埋怨你，你受得了吗？"

答："大部分时间装听不见，有时候受不了就跟她吵架。"

问："吵架的时候，你们有没有动手打人？"

答："没有动手。"

问："都没有动手的话，为什么女方会三番五次报警？"

答："情绪激动的时候，会相互拉扯，她就说是家暴。"

问："那天晚上你不小心将她推倒在地上，她倒地的时候有碰到哪里吗？"

答："不记得了。"

问："在警察来之前，你们在家里吗？"

答："是的。"

问："警察来了之后，你们一起去派出所了吗？"

答："是的。"

问："你看下证据五那组照片，女方的脸有多处大面积的瘀痕，是被外力打击所致。既然你和她只是相互推搡，为何会出现这样的伤痕？是怎么造成的？"

实际上问到这里，我们已经可以锁定几个重要事实：

1. 他们一起在家里等待警察并且一起去派出所。如果仅仅是推搡的话，不会出现这样的伤痕。男方在撒谎。

2. 照片拍摄的时间可以证明就是当天晚上在派出所拍摄的，男方没法辩解。

3. 男方想辩解是女方自己打自己栽赃给他，已经没有空间了。因为他们一直在一起，直到在派出所拍照。如果是女方当时自己弄伤的，男方一定会早在派出所的笔录里就提出来了。

4. 男方还确定了他和女方经常吵架，情绪激动的时候会相互拉扯。结合女方经常报警和受伤的资料，以及男方这次撒谎的辩解来看，家暴存在高度盖然性。

这种专业性发问，本应是律师的工作。我把这类发问技巧放在这里，主要是用来启发当事人的思路，有助于跟自己的律师交代家暴过程，协助其设计发问提纲。

第七节　如何把家暴情节变成离婚中的"王牌"

家暴是离婚案中的"王牌",运用得当,可起到四两拨千斤的作用,原因如下:

1.家暴是离婚的法定理由。证实家暴,即可在第一次起诉离婚中获得法院准予离婚的判决,避免二次起诉。

2.施暴方原则上不适合抚养子女。证实家暴,即可取得抚养权。

3.家暴是法定的过错,无过错方在分割财产时可以得到照顾。

4.在对方面临行政拘留、刑事拘留风险时,家暴是重要的谈判筹码,可帮助你一揽子谈拢离婚、子女抚养和财产分割。

在此,我跟大家分享一个利用家暴情节谈判离婚的故事。

小芳嫁到了一个小县城,孩子出生后的几个月里,因为生活琐事,小芳和丈夫经常吵架。吵着吵着,丈夫就开始动手打她。其间,婆婆看到了,也一起殴打小芳。事后,小芳向派出所报案。

警察来了，说是家事，做了她丈夫的思想工作后就回去了。在后续的家暴里，小芳报了几次警，但派出所的民警接电话都厌烦了，甚至不愿意去现场。

有一次，丈夫晚上回到家，看到孩子没盖好被子，他就揪着小芳的头发骂："你这个妈怎么当的，孩子都着凉了，你怎么还顾着自己睡觉！"

小芳说："孩子出生后我就忙前忙后，晚上经常不能睡，太困了就睡着了！你只知道天天在外面喝酒打麻将，管过孩子吗？"

于是，丈夫又开始打小芳，把她赶出了大门。那个晚上，小芳只穿着睡衣，没有钱没有手机，在外面待到第二天早上。

那一晚上，小芳想清楚了，也不想在这个家继续待下去了，一定要离婚。

小芳跟丈夫提离婚。丈夫说："离婚可以，儿子一定要归我。我们家单脉相传，就这么一个独苗。"

小芳说："孩子才 1 岁半，法院会判给我的。"

他说："那我就拖死你。我们家家大业大，孩子 2 周岁后，你也争不过我。"

小芳找了律师。律师给了她一个建议——找个机会把孩子带回娘家，形成分居。因为孩子小，跟随母亲回娘家，对方无法指控小芳隐匿孩子。法院起诉后，即使对方拖时间，但孩子一直是由母亲照顾，法院很可能会判给母亲。

然而，小芳觉得男方家人多势众又霸道，担心他们过来抢孩子。律师又给了两个建议：

1. 分别在父母家门口、大厅、卧室装上防盗的摄像头。

2. 把父母家的门和锁换成价值 7000 元的。

做好这两件事后，就不怕对方过来抢孩子了。

果不其然，小芳回到娘家不到一周，男方就带着十几个人去闹事。小芳没有开门，他们就把门砸了。从他们开始砸门的时候，小芳就已经悄悄打 110 报警了。等他们把门砸得差不多的时候，警察已经到了。

对方故技重施，污蔑小芳不给他们看孩子，企图把这一起非法闯入他人住宅的案件变成家事纠纷。

警察说："他是孩子的父亲，有权看孩子。"

小芳父母跟警察说："我们并没有不让他看。可是，这个房子是我们的，不是他们夫妻俩的。现在他带了那么多人来砸了我们的门，企图非法闯入我们的住宅，已经涉嫌破坏公私财产和非法闯入他人住宅，我们现在以这个事由报案！"

随后，小芳父亲拿出早已准备好的房产证、门锁发票以及法律条文。

此时，对方开始辩解并没有砸门，门不是他们弄坏的。可他们并不知道，监控把这一切都记录下来了。

警察只好把双方都带到派出所。

在小芳父亲的强烈坚持下，派出所民警对在场的所有人员都做了笔录，并提取了视频监控，对现场拍了照片。

事情到了这里，就是转折点了。

如果小芳坚持要做司法鉴定，由于门锁是刚买的而且有发票，鉴定结果肯定是 7000 元左右。根据法律规定，破坏财物价值 5000 元以上的，就构成破坏公私财物罪。参与破坏门锁的人员有小芳丈夫、公公婆婆等人，他们必定要坐牢！

在是否做鉴定的问题上，小芳缓了一缓。因为，一旦鉴定结果出来，公安机关就要追究他们的刑事责任了。此时，对方一定会来求情。

　　果然，没几天小芳的公公婆婆就过来装可怜了，请求看在孩子的分儿上放过他们。他们坐牢不要紧，可是他们儿子坐牢了，孙子就会有一个坐过牢的爸爸，会影响孙子以后的前途。

　　最后，双方协商一致签订了离婚协议，小芳顺利拿到抚养权，没有再追究他们砸门的责任。

　　由此可见，只要你掌握了家暴的证据链条，就掌握了主动权，所以小芳能较为顺利地离婚，且在孩子抚养权、财产的问题上得到公平的结果。

应对家暴思维导图

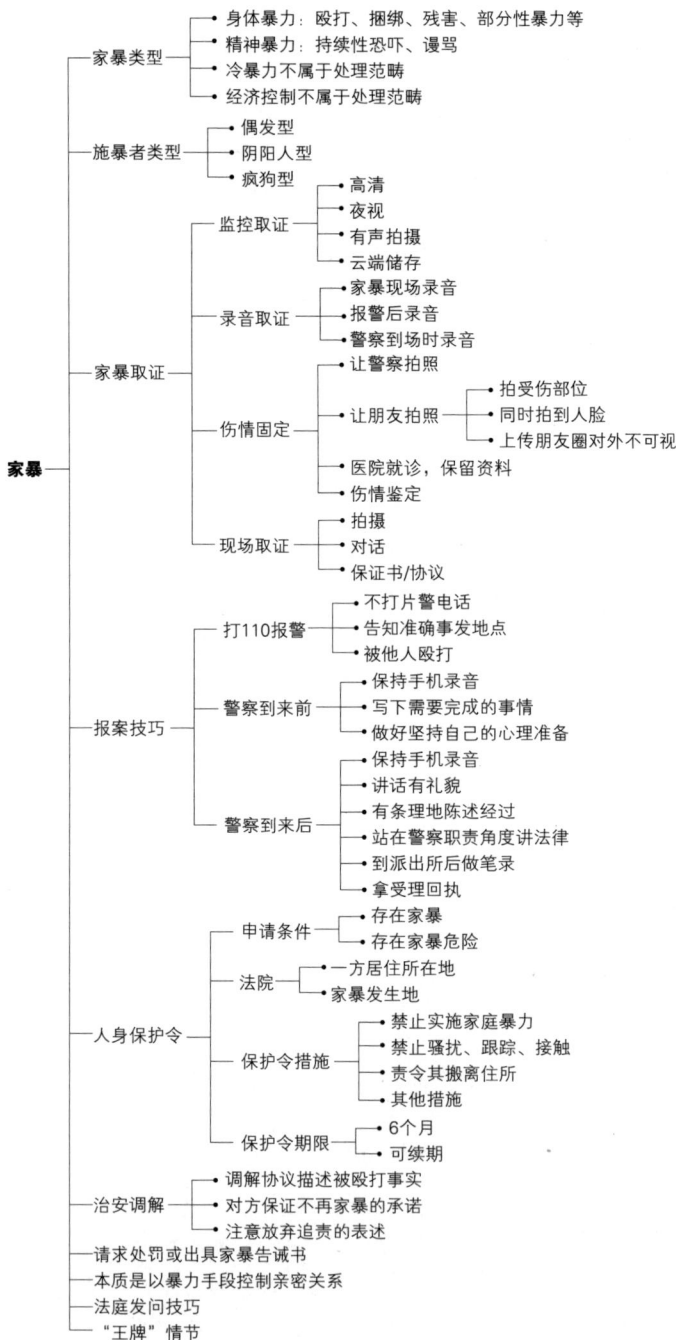

- 家暴类型
  - 身体暴力：殴打、捆绑、残害、部分性暴力等
  - 精神暴力：持续性恐吓、谩骂
  - 冷暴力不属于处理范畴
  - 经济控制不属于处理范畴
- 施暴者类型
  - 偶发型
  - 阴阳人型
  - 疯狗型
- 家暴取证
  - 监控取证
    - 高清
    - 夜视
    - 有声拍摄
    - 云端储存
  - 录音取证
    - 家暴现场录音
    - 报警后录音
    - 警察到场时录音
  - 伤情固定
    - 让警察拍照
    - 让朋友拍照
      - 拍受伤部位
      - 同时拍到人脸
      - 上传朋友圈对外不可视
    - 医院就诊，保留资料
    - 伤情鉴定
  - 现场取证
    - 拍摄
    - 对话
    - 保证书/协议
- 报案技巧
  - 打110报警
    - 不打片警电话
    - 告知准确事发地点
    - 被他人殴打
  - 警察到来前
    - 保持手机录音
    - 写下需要完成的事情
    - 做好坚持自己的心理准备
  - 警察到来后
    - 保持手机录音
    - 讲话有礼貌
    - 有条理地陈述经过
    - 站在警察职责角度讲法律
    - 到派出所后做笔录
    - 拿受理回执
- 人身保护令
  - 申请条件
    - 存在家暴
    - 存在家暴危险
  - 法院
    - 一方居住所在地
    - 家暴发生地
  - 保护令措施
    - 禁止实施家庭暴力
    - 禁止骚扰、跟踪、接触
    - 责令其搬离住所
    - 其他措施
  - 保护令期限
    - 6个月
    - 可续期
- 治安调解
  - 调解协议描述被殴打事实
  - 对方保证不再家暴的承诺
  - 注意放弃追责的表述
- 请求处罚或出具家暴告诫书
- 本质是以暴力手段控制亲密关系
- 法庭发问技巧
- "王牌"情节

第八章

离婚，别怕！

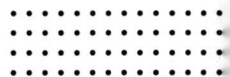

第一节　抢占先手 / 后发制人

在咨询中，不少人都提出一个疑问：我该不该先提出离婚或起诉离婚？有些人认为先提出离婚会吃亏，怕将来别人说三道四，怕法官反感提出离婚的一方。这些担忧有点莫名其妙，但在离婚诉讼中，主动出击和后发制人确实是一门学问，值得拿出来分享。

◌ 离婚的本质

我们先搞清楚离婚诉讼的本质是什么。

解除两人的夫妻关系？毫无疑问，所有离婚官司首要解决的是能不能离婚。然而，从实操上说离婚本身仅仅是时间进程而已，并没有实质性输赢。

离婚官司的本质是孩子和财产的争夺。财产的争夺，无非就是如何更多地挖出对方的财产。说白了，就是个捉迷藏的游戏。

把财产摆上台，大多数是要平分的，只有个别财产的权属有争议。因此，在起诉之前完成这个环节，就基本解决问题了。

所以，我常说离婚案件的胜负往往在法庭之外。有些人以为律师上了法庭就能力挽狂澜，决定成败。有些人以为法官才是离婚案的主宰。如果你都无法把对方的财产摆上台，怎么让法官分割呢？

⚭ 抢占先手的应用场景

当你明白了这个道理，你就能明白大部分离婚案需要抢占先手。因为你抢占了先手，你先起诉了对方，你就封住了对方的财产。

对方要应诉，只有 15 天的举证期。他要想办法提管辖权异议，拖一两个月来准备应诉工作。在一些涉及财产较多、复杂的案件里，一两个月很可能不够。有些案件需要调取很久以前的银行交易回单，可能在一两个月内都找不到回单。

更为重要的是，在整个诉讼期间，他没法转移个人名下的财产。只有企业的资产是可以做利润转移的。但是，在短短数月，一家企业从原来有较大的盈利和较多资产变成负资产，要面临很大风险。一方面风险来自税务局，另一方面有可能要按起诉离婚时的价值来分割。

有些人会想办法拖着不离婚，再在法院判不准予离婚后的 6 个月内转移财产。但是，《民法典》第一千零六十六条已经把这条路堵死了。只要律师有足够的经验，就知道怎么把对方的资产连续查封、冻结。况且，即使存在转移财产的空间，但在感情破裂期间，所有的大额支出、投资亏损也变得十分敏感，无法推定用于共同生活，很容易被视为擅自处分财产，需要赔偿对方一半。

所以，掌握主要资产的一方，一旦被另一方抢占了先机，后面就必然层层被动。反过来，不掌握主要资产的一方，明知感情无法挽回，一味等待对方回心转意，一旦对方提起离婚诉讼，往往是他已把资产处理完毕了。

⚭ 后发制人的应用场景

后发制人的离婚案有没有？也有，但不能广泛应用。一般只有两种场景：

第一，你需要时间与小孩相处，让孩子理解并取得孩子的支持。孩子抚养权是你的第一顺位价值。与此同时，还应适当地处理名下的一些财产。

第二，双方都有离婚意向，但你无法确定起诉到法院后，对方会不会利用不同意离婚的策略来争取时间。最好的办法就是让对方先起诉，你应诉时同意离婚。

不管是先手，还是后手，其核心都在于前期围绕诉讼目的的一系列准备。这也就是为什么所有的离婚纠纷，最有价值的工作在于前期准备，越早越好。

第二节　为何会害怕离婚

离婚时，不管男人还是女人，都会害怕。比如，妻子和丈夫吵架，吵得不可开交的时候，就喊"这样的日子没法过了，离婚"，此时，丈夫往往也就不再顶嘴了。久而久之，妻子认为丈夫不敢离婚，每当吵架时，就把离婚挂在嘴边上。最终有一天，丈夫坚决地回应她：离婚就离婚吧。此时，妻子一下子就蒙了。

再如，丈夫长期在外乱性，妻子发现后坚决要离婚。此时，丈夫却立马害怕了，为了挽回婚姻，还愿意写财产协议，把大部分财产约定给妻子。

又如，丈夫委托我们起诉离婚后，女方死也不肯离，一直碎碎念：我又没做错什么，为什么要离婚？

对于"害怕离婚"这个现象，我一直在实践中观察和思考，男人和女人究竟有什么区别？会是一样，还是不一样？究竟是女人更害怕，还是男人更害怕？

在我们的印象中，似乎女性更害怕离婚。因为，我们认为女性的地位、法律保障和掌握的财产均处于弱势，存在大量依附型婚姻，女性不敢提离婚的居多。但是，从最高人民法院公布的数据看，现实是相反的。离婚案件中，73.4% 的原告是女性。[1]

女性作为原告起诉，既有可能是因为男性不愿意离婚，也有可能是因为协商未果。不管原因如何，事实上只要女性想好了，离婚的决心就比男性大，手起刀落，不拖泥带水。

◎ 女性害怕离婚的原因

我接触了大量男女当事人，可以把害怕离婚的原因做一个总结。

女性害怕离婚的原因主要有：

1. 认为婚姻形式上的完整是理所当然、至关重要的。

她们往往深受传统婚姻观点的束缚，十分介意别人的看法。忍让，是她们维持家暴、出轨、感情破裂的婚姻的通用办法。她们活着很痛苦，但往往又不断给自己洗脑，特别喜欢听到别人离婚后过得很惨的故事，喜欢安慰家庭不幸福的亲戚、朋友和邻居——哎呀，男人都这样，知道回家就行了。然而，在我所接待的来访者中，众多"隐忍"多年的妻子，大多患有不同程度的抑郁症，有些人甚至因此得了身体疾病。

事实上，婚姻里一味地忍让并不会换来尊重，一味地付出并不会换来回报。也许有些人用"忍"一辈子来维系婚姻，但我们不能把这种婚姻称为幸福婚姻。

1　见最高人民法院网站 http://www.court.gov.cn/fabu-xiangqing-87622.html。

2. 害怕离婚给孩子带来非常不好的影响。

她们一方面无法独自抚养小孩，另一方面也不放心男方抚养小孩，还担心离婚会对孩子造成心灵创伤。然而，她们压根儿就没有想明白，一个支离破碎、家暴、出轨的家庭对小孩造成的创伤，远远大于离婚的家庭。对于这点，学校老师最深有体会。根据我和他们的交流，班里成绩特别好的学生，有不少是出自离异家庭。而班里成绩特别差的学生，往往是因为父母对其教育并不上心，与是否是离异家庭并无必然联系。

3. 害怕失去经济来源。

这种原因往往出现在控制型、依附型的婚姻里。一个人长期不参加社会劳动，会与社会几乎脱节，失去生存发展的技能，就犹如被圈养在笼子里的金丝雀。打开笼子，恐怕它也飞不起来，甚至会饿死。如果没有足够的信心分割到相应的财产，她们很难下定决心离婚。

4. 害怕丈夫的私生子女继承父产。

她们认为只有在完整的婚姻里，才能更好地让自己的子女继承父产。实际上，财产由谁来继承，并不完全取决于这一点。妻子只是自我安慰地进行一场赌博。与其这样，不如背水一战，分掉对方一半的财产。

5. 害怕打不赢官司，争取不到相应的权益。

这主要是对法律不了解，也不懂得找相应的专业律师，过分放大了对方的力量。尚未开战，已认定自己必败无疑。

♋ 男性害怕离婚的原因

男性害怕离婚的原因在第 1 点、第 2 点上与女性是共通的，均有不同程度的反映，除此之外还有以下三种原因：

1. 富人，害怕财产被大量分割。

2. 中产、白领，害怕二婚难。

3. 无产，害怕失去免费保姆。

对比男性和女性害怕离婚的原因，我们基本可以得出结论：

在消除婚姻形式完整性、离婚对子女造成伤害等观念后，能把财产隐藏得好的富人（男性）或者婚前财产多的最不担心离婚，能把对方财产分到手的女性最不害怕离婚。

只有一套房屋的中产 / 白领、经济条件差的男性，都害怕离婚。在离婚人群中，他们被动接受离婚的比例高。

经济独立尤其是能赚钱的女性，直接消除了第 3 点影响，有较高概率调整第 4 点的观念，通过自己的财富来给予子女教育和未来，通过找到正确途径分割对方的财产来消除第 5 点影响，从而不再害怕离婚。

第三节　离婚官司成本

在离婚这件事情上，我发现很多人会自我代入"弱者"的角色，一想起打官司要花一笔钱，还不一定有好的效果，就退缩了。因此，有必要谈谈打离婚官司的成本。

⚭ 打一场离婚官司需要多少钱

1. 诉讼费 [1]

分割的财产在 20 万元以下，诉讼费是 300 元；财产超过 20 万元的，超出部分按 5‰收取费用。比如，在离婚案中要分割的财产有 300 万元，诉讼费就是 300 元 +14000 元 =14300 元。

如果是调解结案或者采用简易程序审理，诉讼费就减半收取，即 14300 元 ÷2=7150 元。

1　计算方法出自《人民法院诉讼收费办法》。

这个诉讼费先由原告预交，最后原则上由原被告双方平摊。如果一方提出的某财产不属于夫妻共同财产，最终被法院驳回，则该部分的诉讼费由提出分割的一方来承担。

也就是说，一场离婚官司预交的诉讼费不到家庭资产的5‰，最终要承担的只有2.5‰。

2. 保全费

如果要查封、冻结对方的财产，保全费5000元就封顶了。大部分法院要求当事人提供额外担保，要查封300万元的财产，至少要出30%的担保额，即90万元的财产担保。

若在3年前，当事人很可能负担不起。现在法院普遍接受保险公司的保函，保函的费率一般在1‰以内。即90万元财产担保函，当事人只要花900元在保险公司那里买保险就行。

因此，保全财产的成本不到涉案财产的0.3‰。

3. 评估费

如果大家对房屋、车辆的价值协商一致的话，就不需要评估了。如果协商不一致，就需要评估。尽管各省物价局有评估费的指导价，但最终当事人交的评估费都比标准低许多，价值300万元的房子、车辆，评估费是1万元左右。

4. 律师费

不同律师的收费肯定是有差别的，每位律师都有自己的"身价"。从2018年广州律师人均年收入39万元来看，一位律师1年最多办15起案件，才能比较好地保证将时间分配到每个案件里。以平均时间价值来估算固定的律师费，那么律师费一般在3万元以上才能达到平均水平。

如果以财产标的来估算固定的律师费，一般以财产标的的1%—

3% 来估算，也可以知道大致的范围。300 万元财产的离婚案，3
万元到 10 万元就差不多了。

所以，要打一场离婚官司所花的费用一般占家庭财产的 2%—
4%。这是一般人都能够承担的成本。

⚭ 真正没钱打官司的情形

没钱打官司，一般是遇到下面这些情况了。

1. 家庭资产是 20 万元以下，处理的主要是抚养权、家暴和出
轨问题

这种是典型的没有钱、处理起来却很头疼的案件。

如果把孩子抚养权看得很重要，想比较有把握地取得抚养权，
最好是证明对方有家暴。处理家暴的难点在于取证和跟公安机关
打交道，就算舍得花 3 万元请律师，都没有多少律师愿意花巨大
精力去处理这些难点。花 10 万元请律师，当事人肯定也请不起。
调查出轨对抚养权也起不到决定性作用，对案件的审理没有实质
性帮助。

2. 控告重婚

控告重婚需要调查的事项很多，难度极大，属于典型的没钱
搞不定、有钱也不一定搞得定的案件。没钱，律师不接；但花了
大钱，也未必有效果。

3. 分割隐性财产

当一方掌握了比较多的财产，另一方又不知情的时候，案
件难度就上来了。这些财产属于隐性财产，没有证据线索就分割
不了。

如果律师一律以固定收费来处理，没掌握财产的一方一般吃不消，交不起几十万元的律师费。在已开放婚姻案件收费市场调节价的省份，我建议律师还是把显性财产和隐性财产分开来收费。

假设有固定的房子和车辆价值 300 万元，隐性财产估计也有不少，但没有证据。那么，针对 300 万元的显性财产可以按照固定的律师费来计收；针对其他隐性财产，能拿回来的按比例收取，比例可以和委托人协商。

⚭ 花钱打官司的价值在哪里

离婚官司在财产上面不是零和游戏[1]，跟经济纠纷还不一样。离婚官司里，一般都有"显性财产"，如房产、车辆、土地等，大概率可以分到一半。以 300 万元的显性家庭资产为例，花了 4 万—10 万元费用，最终至少能拿到 140 万元。

在这个过程中，律师还要解决复杂的离婚谈判、诉讼程序、子女抚养权等问题。因此，只要离婚案里有"显性财产"在，就不可能没钱打官司。

"没钱打官司"更多的是心态问题。有些人会想，我不花钱，大概率也能分到一半的显性财产，那么我花 4 万—10 万元就要考虑是否能获得更多的利益，如孩子抚养权、快速离婚、多分财产等。如果效果不能保证，就是花冤枉钱了。

1　又称零和博弈（zero-sum game），与非零和博弈相对，是博弈论的一个概念，属非合作博弈。指参与博弈的各方，在严格竞争下，一方的收益必然意味着另一方的损失，博弈各方的收益和损失相加总和永远为"零"，双方不存在合作的可能。

这个想法可以理解，但我们想想，当初买房的时候交了3%的中介费，我们都觉得理所当然，而中介所做的事情比律师所做的简单多了。买一套房，花3%的中介费，大家不觉得亏；而分一套房，花1%—3%的律师费就会觉得吃亏。如果想通这点，心里也就不会那么纠结了。这只是解决离婚问题的必要成本而已，况且离婚官司不是零和游戏，比其他所有案件的诉讼风险都低。在这个基础上，花一些钱去打官司还可以：

第一，释放自己的时间，让自己可以处理更多事业上的事情。

第二，减少自己的烦恼，让自己拥有良好的心态去面对离婚。在支出了必要的费用后，离婚官司比的是自己的心态和律师的技巧。

第三，减少在诉讼中犯错。律师只要负责任，即使不是行业顶尖的，也能替你避免很多错误。

第四，让对方看到自己的决心。有些时候，你跪的时间久了，对方就以为你不懂得站起来了，不管你提的条件多么合理，他都不会答应。一旦你有了决心和行动，对方的心态也会慢慢改变，通过必要的较量，最终达成双方可以接受的结果。

要记住，你在花钱的同时，对方也在付出代价。"弱者"向"强者"转化，要先让自己拥有"强者"心态，看破"强者"的规则。

第四节　克服弱者思维

《龙珠 Z》中赛亚人来到地球，第一次见到地球人，用战力表一测，地球人战力只有 5，而赛亚人的战力已经到了 2 万。"战五渣"，就是这种战斗力几乎为零的人。

在离婚案里，也常常会出现"战五渣"。"战五渣"有两种，一种是"精神核心贫穷"的，另一种是"物质外表贫穷"的。现实中，这两种往往互为表里，出现在同一个人身上。

⚭ 精神贫穷

虽然有钱，但因为长期被奴性文化所洗脑，不敢打仗，打不起硬仗。从心底里认为自己是弱者，无限放大对敌人的恐惧。例如：

我丈夫很狡猾，早就把财产转移了。

我丈夫很坏，会买通法院，打官司打不赢的。

我起诉离婚，丈夫会杀了我的。

我没钱请律师。（实际上卖几个包包或卖辆车，律师费就有了。）

我要去妇联求助。（实际上有十几套房子。）

开口就说，律师能不能帮帮我？（实际上，你们是平等的。你付钱，律师提供服务，谈不上谁帮谁。）

您说的我都明白，没用的，没用的。

律师，您说我这种情况还能不能挽回？男人在外面玩腻了，是不是都会回家？

……

⚭ 物质贫穷

这种是真的没钱。没钱，分为家里确实没钱和钱都掌控在对方手里两种。

若家里真的没钱，这算客观困难。对方也不见得强到哪里去。只要精神上敢于摆脱不幸的婚姻，找法援也好，随便找位律师走程序也好，最终问题都能解决。而对方有钱，自己没钱，才是大问题。比如，有两套房屋在对方名下，值 1000 万元，股权、现金共 2000 万元，也在对方手里，而自己手里只有 10 万元存款。

要打离婚官司，肯定要冻结对方的财产。

财产保全费 5000 元，诉讼费 149300 元。10 万元存款，连官司都启动不了。如果只起诉离婚，不分财产，也没法冻结对方的财产。不冻结对方的财产，赢了官司，也执行不了，最后得了一座空城，有什么用？

问题又来了，一个人交不起5‰的诉讼费，就意味着他连家庭资产的 1% 都没掌握。这又是什么原因呢？自己平常在家里就没有一点地位？没创造一点财富？对方赚多少钱，也不闻不问吗？

⚭ 以弱胜强

实务中，实力悬殊的情况毕竟是少数。而大多数弱势方，还是能掌握 10% 以上的家庭资产的。这类人，只要摆脱奴性，还是可以背水一战，袭其粮草，以战养战，边战边谈，最终有尊严地结束这场"以少胜多"的战争。

所谓背水一战，是坚定与对方决一死战的决心。

所谓袭其粮草，是指迅速冻结对方容易转移的财产，尤其是存款。

所谓以战养战，是指先分掉容易分割的财产。比如，先斩对方 200 万元，再从中拿出钱来解决离婚后财产纠纷问题，再收割剩余难啃的财产。

所谓边战边谈，是指通过冻结对方财产，以发动战争的方式，通过局部胜利的结果，改变全局预期，改变双方的强弱心态，最终促使双方谈判休战。

我们承办的这类案件，常常能实现这样的战果。他们当中，无一例外都具备强大的独立精神内核（或者及时转化而成），具有强者的体质，而绝非真正的弱者：

我最差也是现在这样了，不怕更差的。

对方的钱，终将有我的一份。

我相信法律、事实和证据，法院不是对方家开的。

我做过大量的调研和了解，我相信我的眼光，我选的律师是对的。

对方并没有那么可怕。

对方有钱，并不一定能选对律师。（事实上，很多有钱一方经常选错律师。因为他们往往找自己的法律顾问或朋友介绍的律师，缺乏处理离婚案件的经验。）

对方不给我钱，我就跟律师一起分对方的钱。

有些财产一时分不到，我就先分容易分到的。

让对方净身出户是不现实的，我要尊重规律。

对方不是疯子，不可能跑来杀我。他平常对其他人就很客气，很理性。他只是敢恐吓我而已，一旦我强硬起来，他就退缩了。

……

我希望在日常生活中，大家做一个有独立精神内核的人，摆脱奴性思想，自己创造财富，成为强者。人都这样，平常不敢欺负你，离婚时也不会欺负你。如果你平常是弱者，离婚时不能具有强者思维，很可能就成了"战五渣"。可没有人愿意帮"战五渣"打官司。你遇到什么人，很多时候都是你自己决定的。

第五节　离婚谈判的四个维度

　　如果我们把离婚案件当作一场战争的话，如何才能不战而屈人之兵？

　　我们都知道，打离婚官司是需要时间的，短则 6 个月，长则 2—3 年。打官司，不仅需要时间，还需要金钱，而且任何战争都是有风险的。所谓兵者，国之大凶也。事实上，所有人都希望能协议离婚，而不要起诉到法院。现实中，有些人不想离婚，有些人抚养权谈不拢，有些人则是财产谈不拢。

　　关于离婚是否能谈拢这个问题，经过多年实践，我独创出这四个维度：

　　1. 双方对诉讼结果的预测；

　　2. 双方对子女抚养、财产分割的期待；

　　3. 双方受情感因素的影响程度；

　　4. 双方受案外因素的影响程度。

　　比如，来访者来咨询，她的期待是男方把唯一的房子给她，房贷由男方承担，另外再给她一笔生活费。

我问她，为什么要提出这样的诉求？

她说，第一，男方在外面有了女人，还生了孩子，她不可能只拿一半的财产离开，她对这个家庭付出太多了，不可能便宜那个女人；第二，她已经2年没有工作了，需要这些财产保障以后的生活。

可以说，她的期待超出了法律的范围。她之所以提出这么"过分"的诉求，很大程度上受到情感因素的影响。我说，男方也不傻，他肯定知道就算让法院判，最差的结果也是四六分。

打仗都要不到的东西，在谈判桌上怎么能拿得到？除非你能拿到更致命的筹码，改变他对诉讼结果的预测。比如，他确实符合重婚的情形。你告他重婚，让他觉得如果不给你那么多钱，就要坐牢。面对这种刑事指控，一般人都会选择在财产方面做出一些让步。但也不排除有个别人宁愿坐1—2年牢也不愿意多让步。这就属于第四个维度，他受案外因素的影响较小。

因此，要想谈判成功，就需要从这四个维度入手。

⚭ 双方对诉讼结果的预测

双方对诉讼结果的预测，主要受到各方代理律师和证据的影响。如果证据充分，赢面就大；证据不充分，赢面就小。这个道理很简单。因此，当事人的诉前准备及律师的取证能力就至关重要。这也就是为什么我们一直提倡遇到离婚问题要先咨询，早准备，甚至要有私人法律顾问，做好大战的准备。

当然，证据这玩意儿，很多时候是到了法院，我们才能看清对方的全部证据。在诉前谈判时，大家不可能拿出全部证据来。但有经验的律师，根据对方的部分材料和事实真相，就可以推算出对方取得相应证据的可能性，进而预判案件将来的走势。

比如，有客户咨询我，她曾经出轨，担心对方会掌握相应的证据。

我就问她，有没有开过房，开过多少次房，什么时候开的，是否用身份证登记入住了。根据这些信息，我就能知道对方是否可以找到她的同住记录，是否能调取酒店的监控视频。

另外，当事人还会受到自己律师的影响。因为，当事人不懂法，也看不懂证据。他对案件的预测，主要听取他律师的分析。如果两个律师的水平在同一层级上，双方对案件的预测不会相差太远。如果一个律师水平很高，另一个律师水平很低，对于同样的事实或证据，可能会做出截然相反的判断，这就很麻烦了。

比如，男方婚前有一套全款的房屋，结婚后出售所得 400 万元。他又用 400 万元作为首付，买了另外一套房屋。很明显，400万元的存款是婚前房屋转化而来，属于个人存款。他用个人存款在婚后买了另外一套房屋，写了自己名字，那这 400 万元所对应的房屋份额是个人的，按揭部分是夫妻共有的。如果女方律师对"婚前房屋置换婚后房屋"的规则不熟悉，就有可能认为婚后这套房屋都是共有的。双方律师对此争执不下，就无法调解。这样一来，可能案件要进入诉讼阶段，需要法官协助调解，才能改变一方的诉讼预期。

当然，这还不是最糟糕的情况。最糟糕的是，对方律师如果一开始就告诉当事人能赢，靠打包票招揽案件，他是不可能在谈判过程中告诉当事人会输的。这个打脸的事情，他绝对不可能做。

如果对方律师心再黑一些，不想调解，想打完一审打二审，进而收取更多律师费，也会成为谈判的绊脚石。

所以，找一个有责任心、为客户真心考虑的律师尤为重要。

◎ 双方对子女抚养、财产分割的期待

财产分割的谈判，很大程度上受到对诉讼结果的预测的影响。降低对方有效预期最有效的办法就是把夫妻共同财产这个盘子做小。比如，原来有两套房子，300万元存款。上了法庭，大的方向就是房子一人一套，存款一人150万元。正常来说，你再怎么去谈判，也不可能把对方预期降到只拿一套房子走人。

如果上了法庭，对方发现这300万元已经被合法合理地转移了，很可能分不到存款。这个时候，无论是他的律师，还是法官，都有可能告诉他诉讼可能的结果。此时，你说如果同意离婚，就补偿50万—80万元现金。说不定，当庭就能签下调解书。

从人的正常心理看，当你给出低于他预期的对价，他就难以接受。如果你给出高于他预期的对价，他就会乐于接受。尤其是在谈判桌上，能当场一次性给付现金。这种超出预期而且能马上拿到现金的条件，特别管用。当人们看到几十万元现金时，跟只是看到协议时的心情是完全不一样的。这个时候，对方会想签字就能立马拿几十万元，不签字可能拿不到，即使拿到也不知猴年马月了。当对方出现这种想法的时候，他的底线已经被攻破了。

但是，在子女抚养权的问题上，往往难以协调。有些事情，不能用钱去衡量，有些时候双方都会为了孩子不惜一切代价。我常常跟当事人讲，如果你们在孩子抚养权上都那么执着，经过几

轮谈判都谈不下来，就不要再浪费口舌了。

◎ 双方受感情因素的影响

在谈判中，这个因素是可以消除的。比如，在一个离婚谈判中，女方一直说男方出轨，背叛了她，男方不是人，等等。此时，男方律师是不能给男方做情感上的辩护的。要么男方律师回避这个对与错的问题，要么巧妙地承认如果男方真的这样，那肯定是渣男啊。

在争取到她的一些心理认同后，就要回归谈理性。比如，律师会说："你丈夫现在还没付我诉讼的律师费，我只是帮他谈判。他愿意在财产方面做这些让步，你拖着也没意义。如果真进入诉讼，他付了后续的费用，那就很难谈判了。"或者，"既然他是渣男，后面如果他有债务怎么办？"总之，消除感情因素影响的最好方式就是谈理性、谈利弊。

◎ 双方受案外因素的影响

案外因素就比较多了，只能举例子说明。比如，男方跟女同事出轨，他很爱面子，可能会担心你去单位闹事。那么，在谈判的时候，可以适当讲讲这个利弊。

男方的律师如果想在谈判的时候消除这个影响，就要讲故事、讲利弊。确实，那些去男方单位闹事的，也很难迫使对方真正做出更多让步。不仅没一棍子打死对方，还让对方恼羞成怒。

要记住，谈判更多的是心理上的较量。信息传达到位了，对方会自动想到后果。我独创的这四个维度，对离婚谈判具有很大的实战指导意义。你只要用这四个维度去衡量，那就可以理智地衡量能不能协商离婚，需要怎么去谈。这套理论在任何婚姻案件中都是适用的。当然，这四个维度更多的是静态，真正促动四个维度发生变化的，是筹码！如果把离婚中的筹码搞懂了，就有可能做到不战而屈人之兵。这就需要经验丰富的律师来介入了。

第六节　假离婚的误区

每次房产、计生、户口政策的变动，都会引起假离婚的热潮，刺激全民的神经。然而，对于假离婚的法律风险，大众仍然存在很多误区。关于"假离婚"的话题，我们团队曾针对 1000 起假离婚的判决进行了大数据分析，也接受过新华社、《广州日报》《参考消息》等多家媒体的采访。总体而言，假离婚所带来的财产风险非常巨大，普通大众对此认识不足，事后难以补救。假离婚已成婚姻安全中的重灾区。

⚭ 拒不复婚，可以要求撤销离婚证？

我国《民法典》第一千零七十八条规定："婚姻登记机关查明双方确实是自愿离婚，并已经对子女抚养、财产以及债务处理等事项协商一致的，予以登记，发给离婚证。"

《婚姻登记条例》第十一条规定："办理离婚登记的内地居

民应当出具下列证件和证明材料：（一）本人的户口簿、身份证；（二）本人的结婚证；（三）双方当事人共同签署的离婚协议书……"第十三条规定："婚姻登记机关应当对离婚登记当事人出具的证件、证明材料进行审查并询问相关情况。对当事人确属自愿离婚，并已对子女抚养、财产、债务等问题达成一致处理意见的，应当当场予以登记，发给离婚证。"

"自愿"是离婚的生效要件，只要双方自愿结婚或离婚，依照法定程序办理了婚姻登记即有效，而不问婚姻背后的真实意图。此外，《民法典》只规定了婚姻无效的三种情形和因胁迫结婚、婚前隐瞒重大疾病的两种可撤销情形，《婚姻登记条例》规定可撤销登记的情形只有"因胁迫结婚"，并没有赋予当事人通过民事诉讼的方式确认虚假合意结婚或者离婚效力的权利。

本着婚姻自由的原则，在婚姻登记管理相关行政法规的演变过程中，也进一步反映出了国家已经不再干预当事人离婚的内在动机。《婚姻登记管理条例》（1994年）第二十五条规定："申请婚姻登记的当事人弄虚作假、骗取婚姻登记的，婚姻登记管理机关应当撤销婚姻登记，对结婚、复婚的当事人宣布其婚姻关系无效并收回结婚证，对离婚的当事人宣布其解除婚姻关系无效并收回离婚证，并对当事人处以200元以下的罚款。"现已生效的《婚姻登记条例》（2003年）已经没有了上述规定。因此，当事人想以虚假离婚为理由，请求民政局撤销离婚登记也没有法律依据，更不用说通过行政诉讼方式撤销离婚登记了。

黑龙江省哈尔滨市香坊区人民法院在其2015年审理的一起假离婚的案件中认为：由于双方一起办理离婚登记，离婚登记的行为系符合法律规定的解除婚姻关系的要件，并不存在所谓的假离婚的问题，故本院对关于假离婚的主张不予采信。

江西省吉水县人民法院在其 2015 年审理的一起假离婚案中认为：双方在吉水民政局签订了离婚协议并办理了离婚登记手续，在该离婚登记未被撤销之前，双方已按照离婚协议解除了婚姻关系。

在这一点上，司法界是有一致共识的，没有看到任何争议性判决。

⚭ 一方不复婚，离婚协议无效？

在很多离婚后财产和抚养权纠纷中，当事人都以假离婚为由主张"离婚协议"无效。但是，他们均无法证明：这是在欺骗的情况下签订的协议。即使有证据证明这是一份假离婚协议，其效力如何呢？

离婚协议分三个部分：

1. 解除婚姻关系的约定。这必然有效，不受影响。

2. 财产分割部分的约定。

《婚姻法司法解释（二）》第九条规定："男女双方协议离婚后一年内就财产分割问题反悔，请求变更或者撤销财产分割协议的，人民法院应当受理。人民法院审理后，未发现订立财产分割协议时存在欺诈、胁迫等情形的，应当依法驳回当事人的诉讼请求。"因此，可以在离婚后 1 年内主张撤销并重新分割财产。

很多假离婚的案件都超过了 1 年的期限，从而失去了撤销权。我们在 1000 起假离婚的案件中发现，法院基本上认为"离婚"是真实的意思，至于其"购房、出国、学位、拆迁"等离婚动机，并不影响离婚的真实意思，不构成欺诈。

《民法典婚姻家庭编的解释（一）》第七十条同样只规定了"欺诈、胁迫"两个理由，只是不再限定 1 年内起诉。

3. 子女抚养的约定。这跟财产约定一样，原则上按照离婚协议上的约定处理。除非取得抚养权的一方有家暴、性侵、虐待孩子，或出现重大传染病、其他疾病等不适宜照顾小孩的情况。

💍 约定一方不复婚就赔偿？

约定一方必须复婚，违反婚姻自由的法律规定，严重限制了他人的人身自由。将违约金和赔偿金跟是否复婚挂钩，属无效约定。

假离婚除会带来法律风险之外，还有可能酿成惨剧。

《扬子晚报》2015 年 4 月 13 日报道：一男子为了申请廉租房和妻子假离婚，结果弄假成真，前妻居然在外面和别的男人好上了，孩子也不管了。他为此和"妻子"发生激烈争吵，进而动起手来，几拳下去，"妻子"抱着脑袋蹲在了地上，昏死过去。送医院后，经抢救无效死亡。

我接触了不少假离婚的来访者，基本可以用"后悔莫及"来形容。人没了感情可以离婚，毕竟婚姻是自由的。但以欺骗的方式使对方人财两空，未免太过分了。

所以，莫拿离婚当儿戏，人财两空酿悲剧。

第七节 如何才能多分财产

在离婚案中，想多分财产，需要把对方名下的财产尽可能地找出来。除此之外，你还可以证明案件中存在多分财产的情节，以此实现多分财产的效果。

法定多分财产的五种情形

《民法典》第一千零九十二条规定："夫妻一方隐藏、转移、变卖、毁损、挥霍夫妻共同财产，或者伪造夫妻共同债务企图侵占另一方财产的，在离婚分割夫妻共同财产时，对该方可以少分或者不分。离婚后，另一方发现有上述行为的，可以向人民法院提起诉讼，请求再次分割夫妻共同财产。"

据此，离婚时明确可多分财产的情形包括：

1.隐藏财产。如将车辆、首饰等动产藏起来。由于法院尚未全面推行财产申报制度，未主动申报的财产，是否可以视为隐藏财产，在实务中处理不一。

2. 转移财产。转移财产是指改变财产的所有权或使用权，如将财产无偿转让他人。

3. 变卖财产。如私自将房屋变卖。如果私自变卖房产后，房产涨价了，另一方还可以要求变卖方赔偿相应的损失。

4. 毁损财产。在实务中，夫妻矛盾激化时，一方可能会有砸坏车辆、收藏品等贵重物品的行为，若有证据证实，另一方亦可主张多分财产。

5. 伪造债务。伪造债务的证明标准较高，一般若能证明其伪造债务，另一方除可以多分财产外，还可以控告伪造方虚假诉讼罪。

目前，最高法颁布的第 66 号指导案例"雷某某诉宋某某离婚纠纷案"中明确了起诉离婚前转移财产的行为也可少分或不分财产。在实务中，针对银行流水的支出，法院一般会审查以下三个时间段所发生的大额支出：

1. 起诉离婚前 1 年至今；

2. 分居之日至今；

3. 感情明显恶化时至今。

⚭ 照顾性多分财产的三种情形

（一）实务中可以酌情多分财产的三种情形

1. 一方有过错，无过错方可酌情多分财产。这里的过错包括：重婚或有配偶者与他人同居，实施家庭暴力或虐待、遗弃家庭成员，赌博、吸毒等恶习屡教不改，婚外性行为等其他违反夫妻忠实义务的行为。

2. 获得子女抚养权的一方。

3. 女方。

（二）法律依据

《民法典》第一千零八十七条第一款规定："离婚时，夫妻的共同财产由双方协议处理；协议不成的，由人民法院根据财产的具体情况，按照照顾子女、女方和无过错方权益的原则判决。"

照顾子女、女方和无过错方，并不意味着必须多分财产，也可以判决唯一房归其所有，保证其稳定的居住生活环境，但仍需要补偿相应的价款给对方。最高人民法院在 2014 年《对离婚财产分割案件中有关法官行为规范的建议问题的答复》中曾解读过这个原则，答复中认为：

> 现实生活中，离婚财产分割涉及对离婚财产的定性、夫妻双方对导致离婚是否存在过错、各自过错比例以及妇女儿童合法权益维护的问题，较为复杂。首先，关于哪些财产可作为夫妻共同财产在离婚时进行分割的问题。综合我国《婚姻法》第十七条、第十八条和第十九条的规定可知，夫妻共同财产包括法定夫妻共同财产和约定夫妻共同财产两类。法定夫妻共同财产一般为夫妻在婚姻关系存续期间所得的财产，但以下财产除外：（一）一方因身体受到伤害获得的医疗费、残疾人生活补助费等费用；（二）遗嘱或赠与合同中确定只归夫或妻一方的财产；（三）一方专用的生活用品。约定夫妻共同财产则为夫妻书面约定归夫妻共同所有或部分各自所有、部分共

同所有的财产。对夫妻共同财产的分割，法院原则上适用物权法共同共有的规定，实行均等分割或按当事人约定比例分割。但考虑到夫妻关系本身的特殊性，在原则上均等分割的基础上，法院还要考虑夫妻双方在离婚问题上是否存在过错以及过错比例大小这一因素，合理确定分割比例，以体现在财产分割上的实质公平。这一点也在我院 1993 年颁布的关于离婚财产分割的司法解释中有所体现。在具体审理离婚财产分割案件中，除过错因素将影响法院在确定离婚财产分割比例上的判断之外，还有一个因素不能忽视，即妇女、儿童这类弱势群体的合法权益保护问题。根据《婚姻法》第三十九条"离婚时，夫妻的共同财产由双方协议处理；协议不成时，由人民法院根据财产的具体情况，照顾子女和女方权益的原则判决"之规定可知，我国婚姻法对子女和女方权益优先保护。换言之，在离婚财产分割时，法院在确定各自分割比例时，还需加入子女、女方这一因素。在双方其他因素大致相仿的情形下，可对有子女抚养权的一方或女方适当多分。

由此可见，根据最高法的答复，尽管无过错方、获得抚养权一方和女方可以多分财产，但也是在均等分割的基础上酌情多分一些，幅度不会太大。实务中，如女方获得抚养权且男方有过错，女方多分财产的诉求获得支持的概率相对更高。

第八节　常见离婚财产分割

💍 存款如何分割

请大家思考一下以下场景：

1. 男方有 7 个银行账户，A 账户余额 30.58 元，2 年前购买了定期存款 100 万元，尚未到期；B、C、D 账户余额 0 元；E 账户余额 305000 元；F 账户余额 0 元，一起生活期间该账户转入股票账户共计 200 万元。

2. 女方有 3 个银行账户，G 账户余额 20000 元，2 个月前购买了定期理财 20 万元，尚未到期；H 账户用于交水电、煤气费，余额 3000.14 元；I 账户余额 0 元。

3. 男方不掌握女方账户，女方只掌握男方 A、B、C 三个账户。

理论上，双方名下的存款要平等分割，男方账户有 3305030.58 元资产，需要补偿女方 1652515.29 元；女方账户有 223000.14 元，需要补偿男方 111500.07 元。各自名下账户存款归各自所有，补偿款两者相抵扣，男方最终需要补偿女方 1541015.22 元。

但在实际操作中，则取决于双方的证据和法院调取流水的区间。

1. 首先，法院会让双方申报银行账户及存款，又或者在庭审中问双方。若大家都不如实申报，则由双方举证。

2. 由于女方只掌握男方 A、B、C 三个账户，她只能申请法院调取这三个账户的流水。如此，她就无法分割 E 账户的 305000 元余额，也无法发现男方转入股票资金账户里的 200 万元。

3. 如法院只调取离婚前 1 年的流水，则看不到男方在 2 年前购买的 100 万元定期存款。

4. 男方虽不掌握女方的账户，但曾经通过 A 账户转过钱到女方的 G 账户。他通过自己的流水，可以找到女方的 G 账户。于是，调取女方的 G 账户流水发现了有 220000 元资产。

因此，需要分割的存款为男方 A 账户的余额 30.58 元、女方 G 账户里的 220000 元。最终结果女方补偿男方（220000÷2）-（30.58÷2）=109984.71 元。实际上，女方不但分不到男方大额存款，还被男方分割了大额存款。

由此可见，分割银行存款是一个技术活，既需要当事人在离婚前尽可能掌握对方的账户信息，也需要事后的取证能力。以 A 账户为例，若仅仅申请调取银行流水，则看不出尚有 100 万元定期存款未到期。若律师换一种申请方式，除申请调取流水之外，还申请调取该账户尚未到期的定期存款、理财余额，则银行有可能函复一个结果。此时，诉讼结果则有天壤之别。可见，细节之中见魔鬼，实务之中比微操。一个具有丰富婚姻诉讼经验的律师，往往对案件结果有重大影响。

◎ 股票/基金如何分割

若女方找到了男方的股票账户，调查交易流水后发现：

1. 账户资金余额 1500 元；

2. 持有 A 股票 1000 股、B 股票 20000 股、C 股票 30000 股，共计市值 135 万元；

3. 持有 D 基金 20 万份，市值 25 万元。

我在前面的章节中已经分析过，股票账户里的资金要区分婚前的股票和婚后的股票，若发生混同无法区分，则推定为共同财产。假设上述股票、基金均为婚后存款购买，那么实务中会如何分割？

股票账户里的资金余额已经确定，可以直接分割，由男方补偿女方 750 元。而股票、基金的价值随时在变动，直接分割有难处。法院可以按照两种方式分割：

1. 按数量分割，即女方取得 A 股票 500 股、B 股票 10000 股、C 股票 15000 股、D 基金 10 万份。

2. 要求双方约定一个交易时间点分割股票、基金，由男方按该时间点的价值补偿一半给女方。

◎ 车辆如何分割

车辆分割相对简单，由取得车辆的一方就车辆的现价值补偿给另一方。实务中，一般谁名下的车辆、谁使用车辆，谁就会主张要该车辆的所有权。至于价值，则先由双方协商。协商不成的，则由法院委托评估公司评估。

⚭ 房产如何分割

请大家思考一下以下场景：

1. 夫妻婚后只有一套房屋，离婚时双方都想要房屋。

2. 离婚时，大家对房屋的价值争执不下。

3. 离婚时，大家都没能力给对方补偿，都不想要房屋。

4. 离婚时，只签了房屋购买合同，但还没拿到产权证。

5. 有一套房屋写了丈夫和他母亲两人名字。

6. 婚前个人按揭买了一套房屋，购买的时候 200 万元，离婚时 300 万元，该补偿多少钱给对方？

分割房产的前提是确定房屋是夫妻共同财产，我已在第三章里介绍过了。本节主要介绍房屋的分割方式。

1. 哪些房屋可以在离婚案中分割

原则上，只有产权清晰的房屋才可以在离婚案中分割。凡是尚未取得产权证、违法建筑、登记他人名字的房屋，原则上不能在离婚案里分割，需要离婚后另行处理。

在第 4 个场景里，夫妻俩只是跟开发商签订了购房合同，还没拿到产权证。该楼盘的产权将来是否经有关部门合法验收，是否能办理合法产权，还是未知数。法院一般不能在离婚案中直接分割产权，须等当事人取得产权证后才能另案分割。

在第 5 个场景里，由于房屋登记为男方和男方母亲共同共有，无法确定男方的具体份额，涉及第三人利益，只能另案析产。同理，借他人名字买房或登记为夫妻与子女共有，也涉及第三人利益，不宜在离婚案中分割。

唯一例外的是，农村的房屋自建造之日起取得产权，只要提供合法的建造手续，即使没有产权证，法院也可以分割。

2. 房屋该判给谁

在双方争执不下时，法院分割房屋考虑的优先原则是尊重双方意愿，保障各方的居住和使用。

比如，婚后有两套房屋，法院大概率会判一套给原告、一套给被告，各自就房屋的价值向对方补偿现金。

再比如，只有一套房屋时，会优先考虑判给取得抚养权的一方，以保障孩子稳定的居住环境和读书便利。如果没有孩子，会优先照顾女方、无过错方、长期使用该房屋的一方。

当然，在一些案件里，法院会采用"竞价"的方式来调和矛盾。即双方轮流就房子出价，价高者取得房子，并根据其所出的价格补偿给对方。而法院采用竞价的前提是双方当事人都同意。如有一方不同意，法院不能强行让当事人接受竞价。

3. 双方都不想要房屋，怎么处理

此时，法院会问当事人是否申请拍卖，就拍卖的价款进行分割。一般而言，拍卖会产生拍卖的相关费用，且价格可能会比市场价低，当事人一般不会愿意。若当事人既不想要分割，又不愿意申请拍卖，法院只好不就房屋进行处理，等离婚后双方另行协商或起诉处理。

4. 如何计算补偿款

一般而言，当一方取得房屋时，该房屋尚未偿还的按揭款也由该方承担。因此，计算补偿款时要先扣除贷款。比如，房屋价值500万元，还有200万元贷款本金未还。取得房屋的一方需在离婚后一次性补偿另一方150万元。

在补偿款的计算问题上，比较复杂的是婚前个人按揭房。在第 6 个场景里，该套房屋在婚后共同还贷及对应的增值属于共同财产。计算的主流通用公式为：

补偿款 =（婚后共同还贷本金 + 婚后已还利息）/（购房总价 + 全部已还利息）× 房屋现价值 /2

当然，在司法实务中还不断演变出其他的计算公式，鉴于本书旨在普法，不再进行深入探讨。

5. 如何确定房屋价值

房屋价值先由双方协商，协商不成由法院委托评估公司进行评估。当然，如果双方同意竞价，则通过竞价确定房屋价值。

💍 公司股权如何分割

公司股权分两种，一种是股份有限公司，另一种是有限责任公司。大家可以通过公司名字全称看出其中异同。

股份有限公司的分割相对简单些。一般这类公司财务规范，甚至已经在准备上市，或已经上市。当事人直接分割股份的数量，也有较大保障。如一方当事人不要股份，而要持有该股份的一方补偿金钱，也可委托评估股份的价值。

而有限责任公司则相对复杂：

1. 夫妻双方均为股东；

2. 夫妻一方为股东，另一方不是股东，还有其他股东；

3. 夫妻一方持有 100% 股权，即个人有限责任公司。

在第 1 种和第 3 种场景里，不存在股东优先购买权的阻碍，夫妻双方都可以直接主张分割一半的股权，直接成为公司股东。

在第 2 种场景里，存在股东优先购买权的阻碍。不持股的一方要想成为公司股东，需要其他股东同意放弃优先购买权。这就非常微妙了。

当公司不赚钱时，其他股东很可能会同意不持股的配偶成为股东。但配偶一般不愿意成为股东，想要现金补偿，但评估发现公司资产又不值钱。

当公司赚钱时，配偶想成为股东，其他股东不同意。那么其他股东就要按照评估价购买该部分股权，可是财务不规范，资产负债表不能反映公司的真实资产。其他股东等于低价收购了该部分股权。

在第 2 种场景里，只有其他股东明确同意或虽不同意但不花钱购买的情况下，不持股的一方才能成为股东。

💍 住房公积金、养老金、企业年金、复员费

根据法律规定，婚后取得的住房公积金、养老金、企业年金和复员费，均含有夫妻共同财产的部分，只是分割方式有所不同。

1. 住房公积金

根据《民法典婚姻家庭编的解释（一）》第二十五条[1]规定，婚姻关系存续期间，男女双方实际取得或者应当取得的住房补贴、住房公积金属于夫妻共同财产。当事人只要委托律师或申请法院

---

1 《民法典婚姻家庭编的解释（一）》第二十五条：婚姻关系存续期间，下列财产属于民法典第一千零六十二条规定的"其他应当归共同所有的财产"：（一）一方以个人财产投资取得的收益；（二）男女双方实际取得或者应当取得的住房补贴、住房公积金；（三）男女双方实际取得或者应当取得的基本养老金、破产安置补偿费。

到公积金中心查询，即可知道公积金余额以及婚后取得公积金的流水明细。

2. 养老金、企业年金

养老金和企业年金，要分两种情形：

a. 离婚前已经符合领取养老金、企业年金的条件，已经在实际领取。

b. 离婚前不符合领取养老金、企业年金的条件。

在 a 情形里，已经领取的养老金、企业年金属于夫妻共同财产，可以直接分割。

在 b 情形里，由于养老金、企业年金尚未领取，根据《民法典婚姻家庭编的解释（一）》第八十条[1]规定，只能分割养老金中个人缴纳的部分，而不能分割单位缴纳的部分。法律尚未明确该类企业年金如何分割，但司法实务一般参照上述规定，只分割个人缴纳的部分。

3. 复员费

《民法典婚姻家庭编的解释（一）》第七十一条规定了军人复员费的分割方法，可归纳公式为：婚龄 × 复员费总额 /（70 − 入

---

1 《民法典婚姻家庭编的解释（一）》第八十条：离婚时夫妻一方尚未退休、不符合领取基本养老金条件，另一方请求按照夫妻共同财产分割基本养老金的，人民法院不予支持；婚后以夫妻共同财产缴纳基本养老保险费，离婚时一方主张将养老金账户中婚姻关系存续期间个人实际缴纳部分及利息作为夫妻共同财产分割的，人民法院应予支持。

伍年龄）/2。[1]

❀ 个体工商户、独资企业和合伙企业

合伙企业的分割方式与有限责任公司股权类似，而个体工商户、独资企业则由原来的负责人继续经营，就该个体工商户、独资企业的价值补偿另一方现金。然而，实务中由于该类企业财务不规范，很难分割到真实的价值。

❀ 债务如何承担

请大家思考离婚时出现以下债务情形：

1. 房屋按揭款 150 万元；

2. 丈夫认为父母出资购房的首付款 50 万元是债务；

3. 丈夫私下向他人借款 200 万元；

4. 信用卡债务 20 万元。

这么多债务，法院会如何处理呢？

1. 无争议债务，法院会处理；有争议债务，另案处理

由于离婚案只有夫妻两人参加，债权人无法参与到案件中来，所以，当一方对债务是否真实、是否为夫妻共同债务有明显争议

---

[1] 《民法典婚姻家庭编的解释（一）》第七十一条：人民法院审理离婚案件，涉及分割发放到军人名下的复员费、自主择业费等一次性费用的，以夫妻婚姻关系存续年限乘以年平均值，所得数额为夫妻共同财产。

前款所称年平均值，是指将发放到军人名下的上述费用总额按具体年限均分得出的数额。其具体年限为人均寿命 70 岁与军人入伍时实际年龄的差额。

时，法院原则上不会处理。若一方提出异议，同时符合以下条件的，法院可以直接处理：

（1）欠银行的债务，有原始借款合同、放款凭证；

（2）明显用于夫妻共同生活的。

在第1种情形里，由于办理房屋按揭时，夫妻双方已签字，且有银行出具的贷款、还款流水，明显属于真实的和用于夫妻共同生活的债务。法院一般会在离婚案中直接进行处理。

在第4种情形里，妻子会抗辩信用卡债务并非用于家庭日常生活所需，没有用于共同生活。法院调取了相关信用卡流水，也显示出诸多疑点。比如，该20万元债务是通过几笔大额消费交易产生的，可能属于用信用卡套现，再偿还其他信用卡的债务。其他信用卡债务里，也几乎没有小额消费，均有几笔大额消费交易。此时，若法院直接判决该信用卡债务属于个人债务，可能会损害银行利益，故可不在离婚案中处理。

在第2、3种情形中，250万元债务属于民间债务，当妻子不认可该债务时，须由债权人起诉到法院另行确定是否真实、是否是共同债务。

2. 区分共同债务和个人债务的标准

根据《民法典》第一千零六十四条的规定（原最高人民法院在2018年1月18日实施的《关于审理涉及夫妻债务纠纷案件适用法律有关问题的解释》），共同债务和个人债务的区分标准就变得更为公平合理了。

（1）双方签字的债务是夫妻共同债务；

（2）单方签字但另一方事后追认的债务是共同债务；

（3）单方签字但因家庭日常生活所需而产生的债务，是共同债务。所谓家庭日常生活所需，是指"正常的衣食、日用品购买、子女抚养教育、老人赡养、医疗等各项费用，是维系一个家庭正常生活所必需的开支。对于超出必要的日常家庭消费范围的支出，则不属于家庭日常生活所必需的消费，应当由夫妻共同协商决定"。[1]

（4）单方签字，但债权人能证明用于夫妻共同生活的，属于共同债务。

（5）单方签字，但债权人能证明用于夫妻共同经营的，属于共同债务。

（6）其他单方签字的债务，属于个人债务。

在该司法解释出台后，一方私下借款而导致另一方负债的情况越来越少。但是该解释仍然存在两个漏洞：事后追认、共同经营。

那什么叫事后追认？

最高法民一庭庭长程新文在发布会上指出：这是从共同债务的形成角度，明确和强调了夫妻双方共同签字或者夫妻一方事后追认以及其他的，如电话、短信、微信、邮件这些形式所体现的共同意思表示所负的债务，应认定为夫妻共同债务的基本原则。

要弄到短信、微信的确认，太容易了！晚上趁配偶睡着了，用他指纹开机，给债权人发一条确认短信或微信，然后再删除。简直神不知鬼不觉啊！

又或者，直接把手机 SIM 卡拔出来，放到自己手机上，发出

1　见 2018 年 1 月 17 日最高人民法院刘敏法官就《关于审理涉及夫妻债务纠纷案件适用法律有关问题的解释》答记者问。

一条确认短信。这简直太疯狂了！

所以，我旗帜鲜明地提倡所有夫妻一定要取消手机指纹、人脸开机，并且重设手机 SIM 卡的密码。绝对不能让对方把 SIM 卡拨出来放到其他手机里发出确认短信。如果你不懂如何设置，可以在网上搜索"如何设置 SIM 卡密码"，教程就出来了。

"共同经营"的概念非常大，如果一方宣传借款用于企业的经营，而另一方又刚好为该企业的股东，债权人只要调取工商登记资料就基本完成了举证责任。此时，由配偶来证明没有用于企业经营，他就非常被动了。

为了避免因"共同经营"而莫名其妙负债，我建议确实不参与另一方企业经营的配偶，不要挂名成为企业的股东、法人、董事、监事、财务、管理人员，甚至不要在该企业里缴社保。

当然，若配偶不参与该公司的运营，对财务一无所知，离婚时自然也是被动的。然而，若真参与了该公司的经营，即使对财务有所了解，对方在离婚时也可以与债权人合谋，弄出巨额经营债务，鲸吞所有夫妻共同财产。这类债务如果精心设计，可能滴水不漏，难辨真假。

当婚姻里，有一方做生意，另一方不做生意，后者要保住婚姻里的财产就非常困难了。参与经营，可能"被负债"；不参与经营，可能"被隐匿财产"。

离婚财产分割思维导图

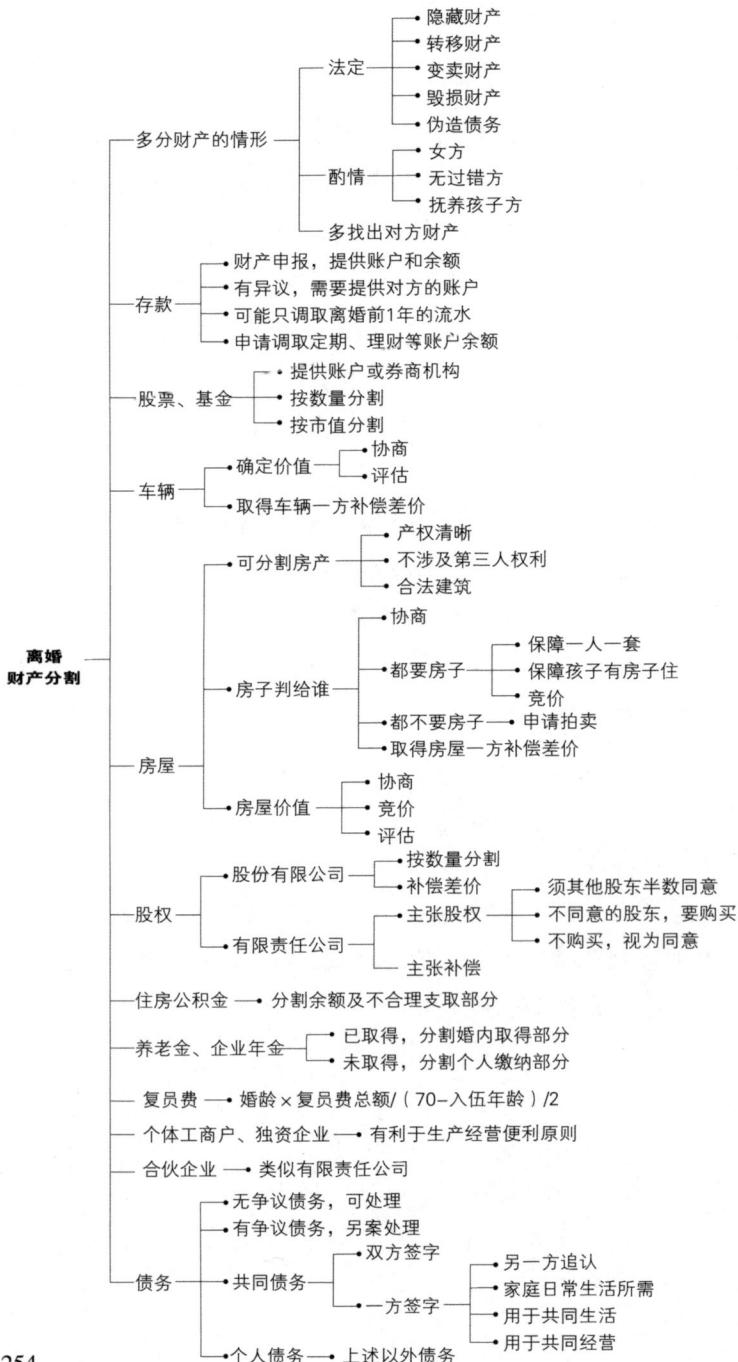

离婚财产分割

- **多分财产的情形**
  - 法定
    - 隐藏财产
    - 转移财产
    - 变卖财产
    - 毁损财产
    - 伪造债务
  - 酌情
    - 女方
    - 无过错方
    - 抚养孩子方
  - 多找出对方财产
- **存款**
  - 财产申报，提供账户和余额
  - 有异议，需要提供对方的账户
  - 可能只调取离婚前1年的流水
  - 申请调取定期、理财等账户余额
- **股票、基金**
  - 提供账户或券商机构
  - 按数量分割
  - 按市值分割
- **车辆**
  - 确定价值
    - 协商
    - 评估
  - 取得车辆一方补偿差价
- **房屋**
  - 可分割房产
    - 产权清晰
    - 不涉及第三人权利
    - 合法建筑
  - 房子判给谁
    - 协商
    - 都要房子
      - 保障一人一套
      - 保障孩子有房子住
      - 竞价
    - 都不要房子 —— 申请拍卖
    - 取得房屋一方补偿差价
  - 房屋价值
    - 协商
    - 竞价
    - 评估
- **股权**
  - 股份有限公司
    - 按数量分割
    - 补偿差价
  - 有限责任公司
    - 主张股权
      - 须其他股东半数同意
      - 不同意的股东，要购买
      - 不购买，视为同意
    - 主张补偿
- **住房公积金** —— 分割余额及不合理支取部分
- **养老金、企业年金**
  - 已取得，分割婚内取得部分
  - 未取得，分割个人缴纳部分
- **复员费** —— 婚龄×复员费总额/（70−入伍年龄）/2
- **个体工商户、独资企业** —— 有利于生产经营便利原则
- **合伙企业** —— 类似有限责任公司
- **债务**
  - 无争议债务，可处理
  - 有争议债务，另案处理
  - 共同债务
    - 双方签字
    - 一方签字
      - 另一方追认
      - 家庭日常生活所需
      - 用于共同生活
      - 用于共同经营
  - 个人债务 —— 上述以外债务

第九节　离婚，孩子跟谁

🔗 决定抚养权归属的主要因素

根据法律规定，法院考虑孩子抚养权最重要的原则是谁对孩子成长更有利。这个原则很"虚幻"，我们在实务中如何把握这个原则？法院究竟会从哪些因素去考虑呢？

1.犯罪而丧失人身自由

如一方对他人实施犯罪行为，丧失人身自由，不具备照顾子女的条件，其必然失去子女的抚养权。

2.是否达到丧失监护人资格的程度

大家要搞清楚抚养权和监护人资格的区别。离婚后，不管谁抚养孩子，父母都是孩子的监护人。孩子出国、出售孩子的房产，都要父母共同签字。孩子在学校打架，父母都要承担监护人的赔偿责任。一旦监护人出现法定可撤销监护人资格的情形，就非常严重了，连监护人都没资格当了，就必然无法取得抚养权。

所谓严重危害未成年子女的身心健康，主要是看有没有达到可撤销监护人资格的程度[1]：

（1）性侵害、出卖、遗弃、虐待、暴力伤害未成年人，严重损害未成年人身心健康的；

（2）将未成年人置于无人监管和照看的状态，导致未成年人面临死亡或者严重伤害危险，经教育不改的；

（3）拒不履行监护职责长达 6 个月以上，导致未成年人流离失所或者生活无着的；

（4）有吸毒、赌博、长期酗酒等恶习无法正确履行监护职责或者因服刑等原因无法履行监护职责，且拒绝将监护职责部分或者全部委托给他人，致使未成年人处于困境或者危险状态的；

（5）胁迫、诱骗、利用未成年人乞讨，经公安机关和未成年人救助保护机构等部门三次以上批评教育拒不改正，严重影响未成年人正常生活和学习的；

（6）教唆、利用未成年人实施违法犯罪行为，情节恶劣的；

（7）以下情形，一般终身丧失监护人资格：

a. 性侵害、出卖未成年人的；

b. 虐待、遗弃未成年人 6 个月以上，多次遗弃未成年人，并且造成重伤以上严重后果的；

c. 因监护侵害行为被判处 5 年有期徒刑以上刑罚的。

3. 有传染病和重病，久治不愈

我国卫生委发布的法定传染病有 39 种。有些严重的传染病，

1　参见《关于依法处理监护人侵害未成年人权益行为若干问题的意见》第 35 条。

会比较容易发现。然而，都要求久治不愈才会丧失抚养权。比如，夫妻一方曾经患有传染病，但离婚的时候已经治好了。夫妻共同生活过程中，关心对方的身体健康，既履行了夫妻相互扶持的义务，也能直接获得对方的病情资料。每年的体检报告、诊断证明、病历、治疗票据，都是很好的证据。

这里的严重疾病，一般是指到了行动不便、卧床不起、视力或听力不及的程度。至于患有抑郁症是否影响照顾小孩，当事人和律师的意见都不权威，建议请相应专家出庭做证。

4. 孩子跟谁生活时间长

根据 1993 年的司法解释[1]规定，法院在定夺抚养权时，优先考虑不轻易改变孩子的成长环境。这种优先度，在司法实务中是相当强势的。如果没有出现前面说的比较极端的情况，一旦小孩对其父亲或母亲形成生活环境的依赖，法院几乎都会判给这一方。

因此，实务中会出现抢夺、隐匿小孩的现象。比如，双方条件都差不多，大家都想要小孩。于是，母亲干脆把小孩带到其他城市生活，并就读了当地的小学。而离婚官司一般持续 1—2 年，等到法院判决离婚时，孩子已经在某个城市生活很长时间了。此时，法院就一般不愿意改变小孩的生活环境，倾向于判给与孩子共同生活的一方。

5. 实施家暴的一方原则上不适宜抚养孩子

目前司法实务已对"实施家暴的一方原则上不适合抚养孩子"有了较高的共识：

1　参见《最高人民法院关于人民法院审理离婚案件处理子女抚养问题的若干具体意见》。

（1）最高人民法院《涉及家庭暴力婚姻案件审理指南》指出，家暴对未成年人带来的伤害一般包括心灵创伤、学习成绩差、家暴行为的代际传染，实施家暴一方不宜直接抚养孩子。

（2）最高人民法院《第八次全国法院民事商事审判工作会议纪要》关于保护未成年人的第1条指出："在审理婚姻家庭案件中，应注重对未成年人权益的保护，特别是涉及家庭暴力的离婚案件，从未成年子女利益最大化的原则出发，对于实施家庭暴力的父母一方，一般不宜判决其直接抚养未成年子女。"

（3）《民事审判指导与参考》总第55辑"陆某衣与苏某城离婚纠纷一案"中，孩子已经12岁，明确表示愿意跟随父亲生活，但父亲长期对母亲有家暴行为，因此法院将抚养权判给了母亲。

最高法民一庭指出："在涉及家庭暴力的离婚案件中，人民法院在判决确定子女直接抚养权归属时，应当将有利于未成年子女的健康成长即子女利益最大化作为原则。在就与父母中哪一方共同生活的问题征询年满10周岁以上未成年子女意见的同时，应当将家庭暴力作为一项重要因素加以考量。"

6. 满8周岁子女的意愿

根据《民法典婚姻家庭编的解释（一）》第五十六条的规定，在离婚案件中，满8周岁子女的意愿对抚养权具有决定性作用。

7. 酌情考虑的因素

当离婚案件里没有出现法院考虑孩子抚养权的四个压倒性情形时，工作是否稳定，时间是否充足，收入是否有保证，祖父母是否健在，能否帮忙照顾小孩，一方是否绝育，是否跟前任生育过小孩，工作的城市是否离小孩读书地方近等，都会成为法院综合考虑的因素。

⚭ 如何收集抚养权证据

1. 能反映出对方不利的证据主要有：

（1）家暴报警记录及处理结果。因此，如何应对家暴就成了重中之重。

（2）赌博的处罚。要证明对方经常赌博，只能经常录制视频，或找机会举报对方赌博。

（3）疾病。要注意收集对方的诊断证明、病历和医疗票据。

2. 对自己有利的证据有：

（1）孩子的医疗预约记录、付款单据。

（2）孩子的接送签名表、作业签名本。

（3）网购记录。这是"剁手党"妈妈的福音。我办理的很多离婚案中，孩子的妈妈从孩子出生到孩子 5 岁，网购记录上千条，相当吓人。

（4）跟孩子相处的照片、视频。最好能每天发到朋友圈，可设置对外不可视。如此可证明照片、视频的制作时间。

（5）经常带孩子跟邻居大妈、宝妈一起玩，建立良好的邻里关系，对日后证明孩子的照顾情况相当有帮助。

⚭ 轮流抚养

1. 什么是轮流抚养

轮流抚养是指离婚时孩子抚养权不归一方所有，而由双方轮流照顾孩子，共同拥有抚养权。《民法典婚姻家庭编的解释（一）》第四十八条规定：在有利于保护子女利益的前提下，父母双方协议轮流抚养子女的，应予支持。

因此，轮流抚养要有三个条件：

第一，由法院处理。一般而言，民政局因其职权缺乏判断能力，会要求当事人协商好孩子由某一方抚养。因此，想达成轮流抚养的协议，需要到法院调解离婚。

第二，要利于保护子女利益。如果一方具有家暴、吸毒等明显不适宜抚养小孩的情形，或者夫妻双方两地分居，就不适合轮流抚养了。

第三，要双方协商同意才可以。如果一方不同意，一方要求轮流抚养，法院判决轮流抚养是没有法律依据的。然而，2015年厦门市海沧区法院开了先例，在薛某与梁某离婚纠纷案中，自行判孩子由双方轮流抚养。[1]

2. 轮流抚养有什么好处

轮流抚养，在双方抚养条件都相当的情况下，还是有很多好处的。

第一，双方都免去了败诉的风险。与其赌输了，不如暂时搁置争议，共同抚养。

第二，轮流抚养，可以让小孩同时拥有较充分的父爱和母爱。尽管双方的教育理念、方式有些不同，但我们很难得出一个结论表明哪方更好，哪方没资格照顾小孩。有时候，在两性关系上面某一方道德败坏，在照顾小孩方面却是个好父亲或好母亲。这两者并不必然冲突。

1　见厦门市海沧区人民法院（2015）海民初字第846号民事判决书，来源于中国裁判文书网。

第三，有利于子女与双方家庭建立更深厚的感情，有利于孩子获得更好的物质生活。比如让男方一个月给女方1万—2万元抚养费，男方肯定是难以接受的，因为他不知道女方拿着这些钱究竟是花到孩子身上，还是自己花了。若男方有了一部分抚养权，相对来说会更加舍得花钱。

3. 轮流抚养的弊端

第一，暂时搁置争议，但问题最终还是有可能爆发。比如，一方工作变动了，或者一方家里人总是在孩子面前说对方坏话。

第二，轮流抚养，等于锁死了父母任何一方工作的变动。如果孩子尚无就读学校，工作变动的一方还有机会争得孩子的抚养权。一旦孩子就读小学后，到外地工作的一方基本无法获得抚养权。

第三，在男强女弱的情况下，轮流抚养可能会被男方最终翻盘，一举取得抚养权。物质条件优越的一方，可能只是因为孩子年龄小，没有取得抚养权优势。他选择轮流抚养，可能只是缓兵之计，等孩子年龄大了之后，再申请变更抚养权。

理论上，在双方条件相当时，轮流抚养是一种"皆大欢喜"的解决方案。但在实际运用中，确实困难重重。最大的难点并不来源于客观条件，而是来源于双方离婚时的信赖危机。很难想象，被伤害的一方会有强大的内心消化这些负面情绪。说句不好听的，不把对方打一顿就算客气了，还指望把孩子给他？被伤害的一方，甚至不想再与施害的一方有任何联系，甚至想带着孩子远走他乡。如果不安抚好这些情绪，又如何取得对方的信赖呢？总之，冰冻三尺非一日之寒。在婚姻中所种下的仇恨，往往会投影到孩子的抚养权上面。

⚭ 抚养费攻略

1. 抚养费包括什么项目

《民法典婚姻家庭编的解释（一）》第四十二条规定："民法典第一千零六十七条所称'抚养费'，包括子女生活费、教育费、医疗费等费用。"

一般而言，医疗费由相关的发票、支出金额确定。然而，偶发性疾病看病所产生的费用即使均摊到每个月里，也不会多，对确定抚养费没有多大影响。而长期患有某种疾病的小孩，需要定期治疗，会产生较多的支出，会对计算抚养费有重大影响。

生活费一般是计算衣、食、住、行的费用，而保姆费用支出可计算在生活费中。

教育费一般是抚养费中最大的支出项目，包括：

（1）学前幼儿园的学费、生活费；

（2）上课外辅导班的费用；

（3）小学、中学的学费，包括私立学校的学费；

（4）购买学习用品的费用。

法院考虑上述教育费用时，一般会要求当事人解释其合理性、必要性。

2. 确定抚养费的标准

《民法典婚姻家庭编的解释（一）》第四十九条规定：抚养费的数额，可根据子女的实际需要、父母双方的负担能力和当地的实际生活水平确定。

有固定收入的，抚养费一般可按其月总收入20%—30%的比例给付。负担两个以上子女抚养费的，比例可适当提高，但一般不得超过月总收入的 50%。

无固定收入的，抚养费的数额可依据当年总收入或同行业平均收入，参照上述比例确定。

有特殊情况的，可适当提高或降低上述比例。

为了方便大家理解，我把规则提炼出来：

（1）不抚养小孩的一方，承担必要的生活费和教育费的一部分或全部。

这意味着抚养小孩的一方也有可能要承担一部分抚养费。原则上，孩子一个月需要 5000 元，则双方各承担 2500 元，法院判决不直接抚养的一方每月支付 2500 元抚养费。

（2）离婚后，如因疾病产生重大医疗费时，可以再另行主张。

（3）判定抚养费参考的因素有三个：子女实际需要、父母双方的负担能力、当地实际生活水平。

（4）抚养费一般要控制在总收入的 20%—30%，但不必然按 20%—30% 来计算。

比如，某人月收入 5 万元，按 20% 来计算就是 1 万元，但法院判决时要考虑孩子的实际需要。如果证据不足以证明孩子实际需要达每月 1.5 万—2 万元，法院要考虑当地生活水平，再把抚养费定为略高于生活水平的数额。

（5）当地生活水平，一般是指人均消费水平，可参考上一年度当地统计局发布的数据。

在大多数的案件中，法院主要参考当地人均消费水平来判决，如人均消费水平是每年 4 万元，每个月就是 3333 元，双方各承担一半就是 1600 多元。之所以这样确定，是因为大多数离婚案件的当事人并没有提供充足的证据证明孩子 1 年的实际支出。

3. 如何证明各项费用支出

（1）线下消费类的，需要发票（有明细）。如果没有发票，则需要收据和转账凭证。

（2）线上消费购物的，需要开发票（有明细）。没有发票的，则提供账户内的网购记录。

（3）租金，要租赁合同和付租金的转账记录。

（4）保姆费，要有保姆收据和转账记录。

（5）学费，需要发票。

当事人要尽可能提供完整的支出证明，证明实际支出远高于统计局所发布的当地平均消费水平，才会促使法官参考对方收入的20%—30%来定抚养费，或按实际需要来定抚养费。我们处理的一些离婚案，证明抚养费的证据往往多达100页至300页。

4. 抚养费给付方式

《民法典婚姻家庭编的解释（一）》第五十条规定："抚养费应当定期给付，有条件的可以一次性给付。"由此，法院一般判决不直接抚养孩子的一方按月支付抚养费，除非对方同意一次性支付。在司法实务中，我所见到的一次性给付抚养费的两个案例[1]，均有这个特征——不直接抚养孩子的一方在国外生活，按月给付会执行困难，且其有一次性给付能力。

1　见沈阳市中级人民法院（2018）辽01民终1616号案，刊载于《人民司法·案例》2018年第32期（总第835期）。

见北京市第二中级人民法院（2010）二中少民终字第02782号案，引自《婚姻家庭继承案件裁判要点与观点》，法律出版社，2016年6月第1版。

5. 抚养费给付到什么时候

根据法律规定，父母应给付抚养费至子女 18 周岁。[1] 如果子女 18 周岁成年后，丧失全部或部分劳动能力而无法维持正常生活，父母仍有相应的抚养义务。[2]

6. 离婚后可以增加抚养费吗

原则上离婚后不能短期内变更抚养费，但如离婚后原抚养费不足以抚养孩子，可以起诉到法院变更，具体可以结合以下情形进行理解：

（1）因多年来的物价水平上涨，原来的抚养费明显不足以维持原有生活水平；

（2）出现重大疾病，原有抚养费不足以支付医疗费；

（3）抚养孩子一方收入锐减，可要求对方多承担相应份额；

（4）抚养费约定由一方全部承担，承担抚养费一方收入能力客观上锐减或无收入能力。

---

1 《民法典婚姻家庭编的解释（一）》第五十三条：抚养费的给付期限，一般至子女 18 周岁为止。16 周岁以上不满 18 周岁，以其劳动收入为主要生活来源，并能维持当地一般生活水平的，父母可以停止给付抚养费。

2 《民法典婚姻家庭编的解释（一）》第四十一条：尚在校接受高中及其以下学历教育，或者丧失、部分丧失劳动能力等非因主观原因而无法维持正常生活的成年子女，可以认定为民法典第一千零六十七条规定的"不能独立生活的成年子女"。

离婚子女抚养问题思维导图

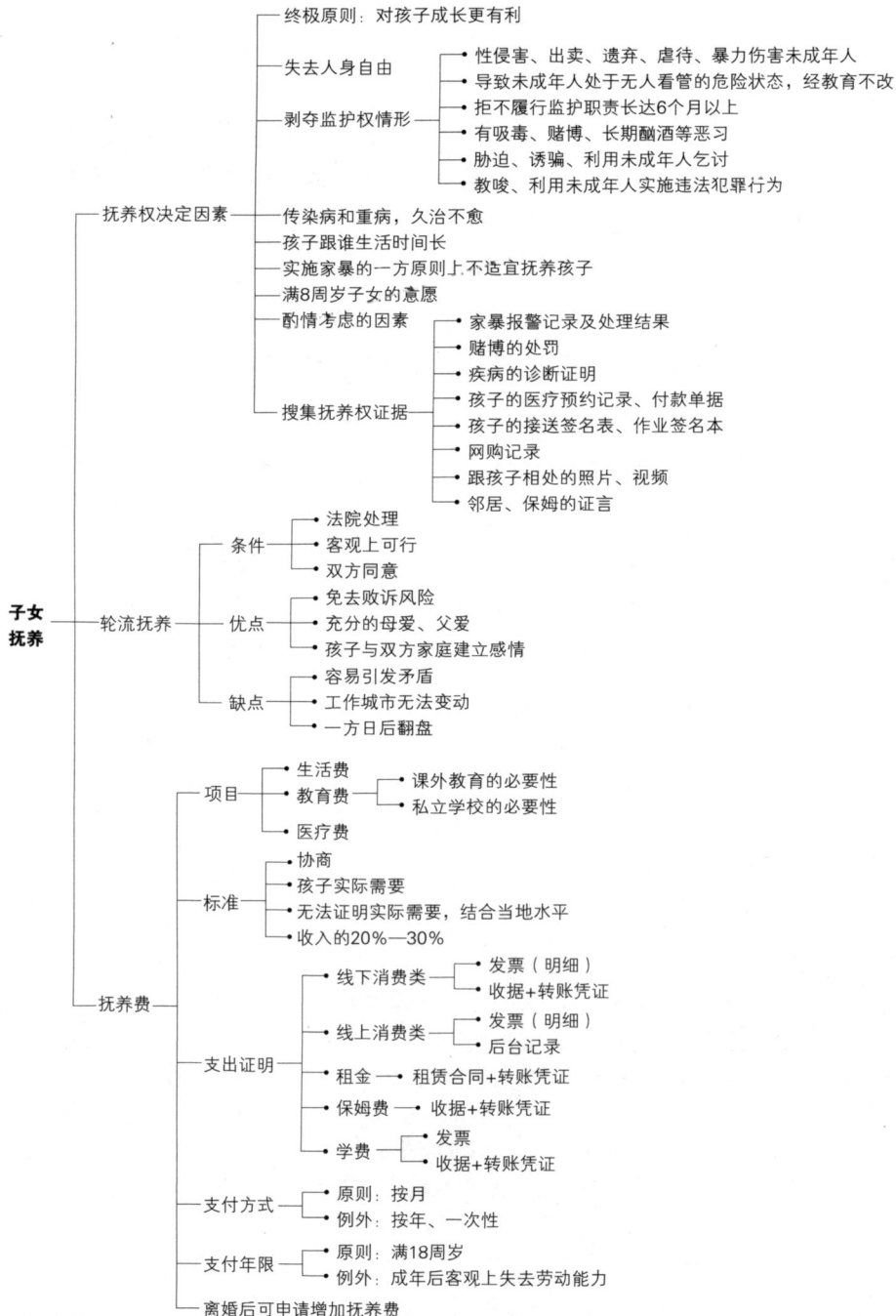

子女抚养
- 抚养权决定因素
  - 终极原则：对孩子成长更有利
  - 失去人身自由
  - 剥夺监护权情形
    - 性侵害、出卖、遗弃、虐待、暴力伤害未成年人
    - 导致未成年人处于无人看管的危险状态，经教育不改
    - 拒不履行监护职责长达6个月以上
    - 有吸毒、赌博、长期酗酒等恶习
    - 胁迫、诱骗、利用未成年人乞讨
    - 教唆、利用未成年人实施违法犯罪行为
  - 传染病和重病，久治不愈
  - 孩子跟谁生活时间长
  - 实施家暴的一方原则上不宜抚养孩子
  - 满8周岁子女的意愿
  - 酌情考虑的因素
  - 搜集抚养权证据
    - 家暴报警记录及处理结果
    - 赌博的处罚
    - 疾病的诊断证明
    - 孩子的医疗预约记录、付款单据
    - 孩子的接送签名表、作业签名本
    - 网购记录
    - 跟孩子相处的照片、视频
    - 邻居、保姆的证言
- 轮流抚养
  - 条件
    - 法院处理
    - 客观上可行
    - 双方同意
  - 优点
    - 免去败诉风险
    - 充分的母爱、父爱
    - 孩子与双方家庭建立感情
  - 缺点
    - 容易引发矛盾
    - 工作城市无法变动
    - 一方日后翻盘
- 抚养费
  - 项目
    - 生活费
    - 教育费
      - 课外教育的必要性
      - 私立学校的必要性
    - 医疗费
  - 标准
    - 协商
    - 孩子实际需要
    - 无法证明实际需要，结合当地水平
    - 收入的20%—30%
  - 支出证明
    - 线下消费类
      - 发票（明细）
      - 收据+转账凭证
    - 线上消费类
      - 发票（明细）
      - 后台记录
    - 租金 → 租赁合同+转账凭证
    - 保姆费 → 收据+转账凭证
    - 学费
      - 发票
      - 收据+转账凭证
  - 支付方式
    - 原则：按月
    - 例外：按年、一次性
  - 支付年限
    - 原则：满18周岁
    - 例外：成年后客观上失去劳动能力
  - 离婚后可申请增加抚养费

第十节　协议离婚的秘密

💍 离婚协议的八大陷阱

1.警惕对方利用你离婚心切的心理

你的离婚协议书的财产分割条款中写的是双方没有夫妻共同财产或财产已经分割完毕，实际上并非如此。当你办妥了离婚手续，找对方分割财产时，会发现对方在装傻，不是没有夫妻共同财产或财产已经分割了吗，还分什么呢？

建议：在协议中列清各项财产，约定隐瞒财产的法律责任。

2.警惕"各自名下其他财产归各自所有"的约定

签订离婚协议书时，你发现对方大大方方地答应将共同居住的房产归你所有。可是你能想到他实际在别处还有好几套房子，银行里面还有巨额存款吗？你认为分到房子了，心里乐开了花，实际上你少分的夫妻共同财产的价值超过了好几套房子。离婚后，你发现对方还有其他财产，于是你起诉到法院，可是协议里已经约定了各自名下的其他财产归各自所有啊！还分啥呢？

建议：通过婚姻调查，查清对方的财产或者约定除本协议列明的财产外，无其他超过＿＿＿＿＿＿＿（具体情况具体分析）万元价值的财产，并明确隐瞒财产的法律责任。

3. 警惕对方拒绝迁移户口

办妥离婚手续后，按理说对方应该及时将户口迁出。可是你会发现当你联系对方，要求对方迁户时，对方要么不接你的电话，要么说没有空。需要特别指出的是，目前的司法实践中，人民法院不会受理强行责令对方迁移户口的诉讼请求。

建议：约定迁移户口的时间，逾期或拒绝协助过户的，应付一笔较大的违约金。

4. 警惕对方拒绝协助房屋过户

如果产权证是夫妻双方的名字，你去房管局办理产权证变更手续时，会发现房管局要求对方与你同时来到现场，才会帮你办理产权证变更手续。如果你是个人前来，就算你有离婚协议书、离婚证，那也是免谈。

建议：公证一套全权办理房产过户的手续，离婚后可凭该公证书独自前往房管局过户。或者约定不配合过户的违约责任。

5. 警惕对方离婚后拒绝搬离房屋

如果房屋约定归你个人所有，但是离婚后对方让老人住在里面，赖着不走。你要起诉维权，成本就比较高了。

建议：约定搬离房屋的期限以及逾期搬离的违约金。

6. 警惕对方及其家属无理阻挠你探视子女

如果孩子是由对方抚养，你会发现每次去探视孩子，不是家里没人就是孩子不在家，或者是其他一些理由。离婚之后，想见一下孩子或者跟孩子聊聊天，难如登天。

建议：约定不配合探视的违约金，多次阻挠探视的，可以申请法院变更抚养权，从心理上震慑对方。

7. 警惕对方不给抚养费

你也许会在离婚协议书上约定，婚生子女由你抚养，对方每月支付 1000 元抚养费之类的。签订离婚协议书后，你能保证对方按期足额支付抚养费给你吗？如果不支付的话，你应该怎么做呢？

建议：由于对方不履行离婚协议，还得起诉到法院，然后再强制执行。对于抚养费来说，数额较小，如采取诉讼方式解决，成本高。有必要约定按日计算违约金、追讨抚养费所产生的律师费、公证费等各项费用，加大对方违约成本。

8. 警惕对方虚构债务

签订离婚协议书时，对方爽快地答应平分夫妻共同财产，甚至净身出户。或许这个时候，对方也会拿出几张借据，里面写明某年某月某日，其向某某借了 ×× 万元钱，你如何确定这些债务的真假呢？

建议：离婚协议书中要明确各自名下有无债务，有多少债务，以便日后诉讼时将其作为相应的证据。

⚭ 离婚协议可以反悔

离婚案件，最难以捉摸的就是情感，最容易撕毁的是协议。《民法典婚姻家庭编的解释（一）》第六十九条［原《婚姻法司法解释（三）》第十四条］规定，当事人签订了离婚协议，在领离婚证或调解书前，都可以反悔。

如果当事人对此不了解，很容易就掉坑里了。比如，夫妻俩签订了离婚协议，约定好了孩子抚养权，约定好了财产分割。他们以为这样的协议就有效了，以为各自名下的存款都是自己的。于是，男方拿了 200 万元买了套房子。一个月过后，女方反悔，不想离婚。两人扯皮了 2 年。其间，男方买的房子涨到了 280 万元。男方以为用自己的存款买了房子，房子也是自己的。殊不知，这份离婚协议是无效的。因此，280 万元的房子也就要平均分割。

因此，签订了离婚协议，就一定要迅速到民政局领离婚证。如果能当天去的，不要拖到第二天。

然而，《民法典》实施后，协议离婚均有 30 天"冷静期"和 30 天"领证期"[1]，甚至有些地方的民政局需要预约，而且只能约到 1 个月后。所谓 30 天冷静期，是指双方需要到民政局共同申请离婚，满 30 天后，双方才可以到民政局领取离婚证，其间任何一方均可以向民政局撤回申请；所谓 30 天领证期，是指冷静期届满之日起 30 天内，双方没有共同到场领取离婚证，视为撤回离婚申请。

这 60 天内就很容易出现变数。人是情感动物，在离婚时更是如此，新仇旧恨一起清算。今天你说给对方 1000 万元，对方答应。晚上回去，对方思来想去，觉得哪里不对劲，这么爽快，说不定藏着几个亿。于是，第二天就反悔了。谁知道，其实你明明

1　《民法典》第一千零七十七条：自婚姻登记机关收到离婚登记申请之日起三十日内，任何一方不愿意离婚的，可以向婚姻登记机关撤回离婚登记申请。

前款规定期限届满后三十日内，双方应当亲自到婚姻登记机关申请发给离婚证；未申请的，视为撤回离婚登记申请。

已倾其所有了！

所以，我们不喜欢在诉前去做太多的谈判，反悔率太高。最有效的方式，还是在法庭上协商。大家一旦谈成了，就签笔录，拿调解书，谁也反悔不了。

什么叫调解书？

调解书就是法院主持双方协商离婚，把孩子抚养权和财产分割等一揽子谈妥，然后法院根据双方协商的结果出一个叫"民事调解书"的文书。民事调解书与协议离婚的效力是一样的，都解除了双方的婚姻关系。只是，民事调解书还有强制执行的效力，一方不履行调解书里的义务，另一方可以直接申请法院强制执行。而通过民政局协议离婚，一方不履行离婚协议里的义务，另一方只能先起诉到法院，法院做出生效判决后，才能申请强制执行。

在调解的过程中，还有一个坑。即使法院出了调解书，双方不签收，调解书也是不生效的。也就是说，在签收调解书前，任何一方都可以反悔。因此，在实践中，有经验的法官在签调解笔录时，也让双方当事人预先把调解书送达回证[1]签了。即使当天出不了调解书，也能防止双方事后反悔。也有法官会建议双方在调解笔录中约定自签字之日起生效。

⚭ 离婚后能否推翻协议

之前我们讲到离婚协议里的坑，如果当事人掉坑里怎么办？

1　送达回证是人民法院让当事人或其代理人签收法律文件的回执，以证明法院在何时已合法送达了某个法律文件。

比如，他在离婚协议中做出了较大的财产让步，但离婚 2 年后才发现前妻出轨。他认为上当受骗了，原有的财产分割不公平，想撤销离婚协议，重新分割财产，能实现吗？

《婚姻法司法解释（二）》第九条规定："男女双方协议离婚后1 年内就财产分割问题反悔，请求变更或者撤销财产分割协议的，人民法院应当受理。人民法院审理后，未发现订立财产分割协议时存在欺诈、胁迫等情形的，应当依法驳回当事人的诉讼请求。"

《民法典婚姻家庭编的解释（一）》第七十条规定："夫妻双方协议离婚后就财产分割问题反悔，请求撤销财产分割协议的，人民法院应当受理。人民法院审理后，未发现订立财产分割协议时存在欺诈、胁迫等情形的，应当依法驳回当事人的诉讼请求。"

根据主流实务观点，撤销离婚协议的理由只能是"欺诈、胁迫"，除此之外，法院一般不会支持。男方虽然发现前妻曾经出轨，但协议里并没有反映出他是因为前妻"忠贞"的承诺而做出的财产让步。因此，前妻出轨不等同于欺诈。在个别案例中，也有法院认为可以撤销。[1] 当然，由于《民法典合同编》还规定了"重大误解""显失公平"的撤销事由，给当事人留有空间。

上述案例还引出另外一个重要知识点——男方离婚 2 年后才发现前妻出轨，已经超过了规定的"1 年"，究竟能不能撤销协议呢？

对比前后的规定可知，在《民法典》实施之后签订的离婚协议，不存在从离婚之日起"1 年期"的限制。但根据《民法典总

1　见江苏省苏州市虎丘区人民法院（2016）苏 0505 民初 2143 号民事判决书、辽宁省大连市中级人民法院（2016）辽 02 民终 293 号民事判决书，来源于中国裁判文书网。

则编》的规定，男方应自知道或应当知道欺诈的 1 年内行使撤销权。因此，男方依然可以向法院申请撤销，至于是否属于欺诈，则属于实体问题。

在《民法典》实施之前签订的离婚协议就非常纠结了。以前，时不时有同行来请教我——离婚两三年了才发现签协议时受到了欺骗，能不能申请法院撤销？

我说，不行。这里的"1 年"是从离婚后开始计算的，而不是从知道或应当知道之日起计算的。

同行说，这不符合法理啊！《合同法》中的撤销权，也是从知道或应当知道之日起计算的。如果《婚姻法》是这样理解的话，那岂不是对当事人不公平？不知道被欺诈，怎么行使撤销权？

然而，离婚协议是依附于夫妻身份关系的协议，法院所考虑的因素不仅仅是财产问题，还有下一段婚姻的稳定性问题。

最高法曾指出这条规定的立法背景[1]：

> 本条司法解释中关于"一年"的不变期间的确认是否妥当。一种观点认为，一年的时间本来不长，如果再规定为不变期间，不允许中止、中断和延长，不利于保护当事人的合法权益，受影响最大的可能是在婚姻关系中处于弱势地位的妇女。《合同法》第五十五条中关于撤销权的时效规定是一年，而且是从知道或者应当知道撤销事由时起算。现在的规定与《合同法》不符。另一种

1　见最高人民法院民事审判庭第一庭所编著的《最高人民法院婚姻法司法解释（二）的理解与适用》第 132 页。

观点则认为，规定一年的不变期间是必要的也是可行的，因为涉及婚姻家庭领域的一些协议之所以具有特殊性，是因为其所涉及的法律关系与人们的身份权及其相关利益有着密切的关系。

男女双方离婚以后，各方都可能很快再次结婚，组建新的家庭。如果将允许登记离婚的男女因对原来签订的有关财产分割协议反悔而起诉的时间规定得过长，则会使因离婚而发生变动的财产所有权长期处于不确定状态，受影响的往往不仅是离婚男女双方当事人和他们的子女及各自再次组成的家庭，甚至可能包括其参与投资经营的企业、与之进行交易的其他民事主体。因此，使因婚姻关系变动而受到影响的财产关系尽早得到稳定，是制定《婚姻法司法解释（二）》时不可不虑及的问题。经过研究，我们最终采纳了第二种意见。

在司法实务中，法院也基本按照这样的观点来适用。

1. 江苏省淮安市中级人民法院在审理吴某与陆某离婚后财产纠纷案 [（2016）苏 08 民终 3056 号] 时对 1 年期间的认定为：

依照《最高人民法院关于适用〈中华人民共和国婚姻法〉若干问题的解释（二）》第九条规定，男女双方协议离婚后 1 年内就财产分割问题反悔，请求变更或者撤销财产分割协议的，人民法院应予以受理。本案原、被告于 2013 年协议离婚，双方因离婚财产分割问题签订了主协议及补充协议。在协议签订后至本次诉讼期间，被告一直未向法院主张变更或撤销财产分割协议。现却抗辩财产分割存在可变更或者可撤销情形，显然已超过法定时效。

即使离婚协议可能存在可变更或可撤销情形，也已丧失了胜诉权，法院应不予支持。

2. 湖北省荆州市沙市区人民法院在审理吴某诉朱某离婚后财产纠纷案［（2016）鄂 1002 民初 1245 号］时对 1 年期间的认定为：

依照《最高人民法院关于适用〈中华人民共和国婚姻法〉若干问题的解释（二）》第九条之规定，男女双方协议离婚后 1 年内就财产分割问题反悔，请求变更或者撤销财产分割协议的，人民法院应当受理。人民法院审理后，未发现订立财产分割协议时存在欺诈、胁迫等情形的，应当依法驳回当事人的诉讼请求。被告朱某需在协议离婚后 1 年内请求撤销财产分割协议，原、被告协议离婚系 2014 年 7 月 30 日，已超过法律规定的行使撤销权的时效。故被告要求撤销《离婚协议书》第二条第 3 项的约定无事实和法律依据，本院不予支持。

3. 浙江省绍兴市中级人民法院在审理陈某诉金某一般人格权纠纷案［（2005）绍中民一初字第 76 号］时对 1 年期间的认定为：

原告与被告于 2001 年 12 月 28 日离婚，于 2005 年 4 月 22 日诉至本院，根据《最高人民法院关于适用〈中华人民共和国婚姻法〉若干问题的解释（二）》第九条第一款之规定，原告显然超过除斥期间 1 年的法定期限，被告的答辩理由成立。

因此，实务中，此条规定中的 1 年期间认定为不变的除斥期间，1 年期间应从当事人办理离婚登记之日起算。

离婚总结思维导图

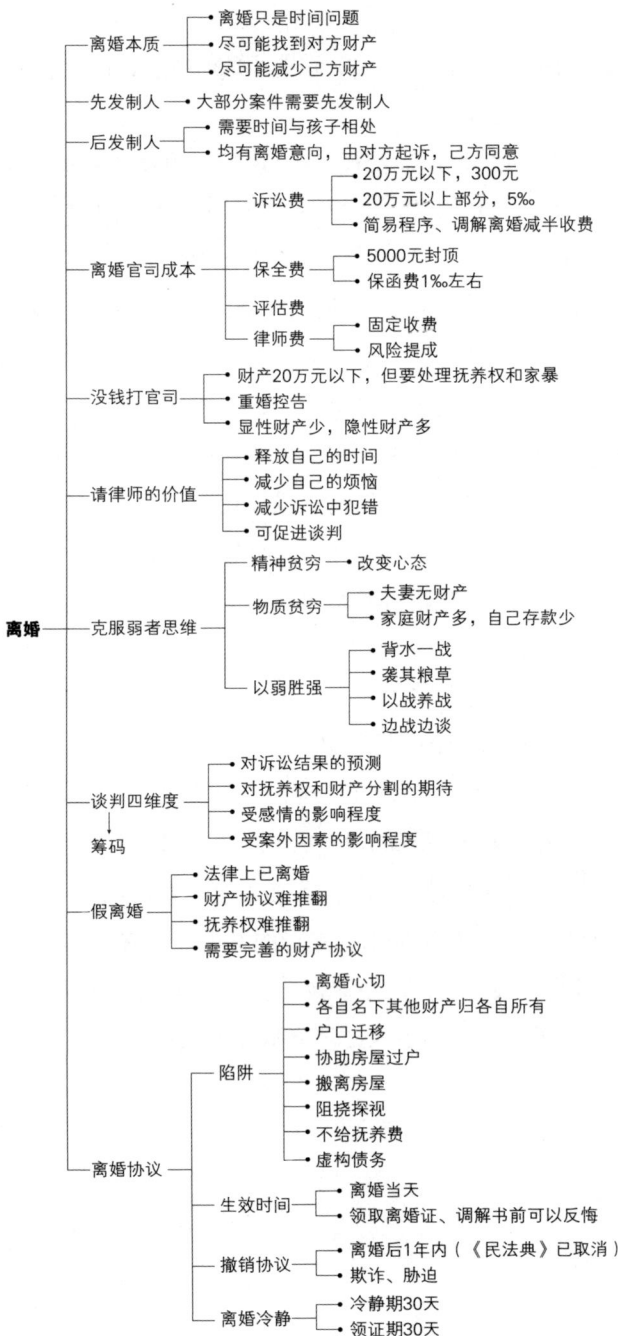

离婚

- 离婚本质
  - 离婚只是时间问题
  - 尽可能找到对方财产
  - 尽可能减少己方财产
- 先发制人
  - 大部分案件需要先发制人
- 后发制人
  - 需要时间与孩子相处
  - 均有离婚意向，由对方起诉，己方同意
- 离婚官司成本
  - 诉讼费
    - 20万元以下，300元
    - 20万元以上部分，5‰
    - 简易程序、调解离婚减半收费
  - 保全费
    - 5000元封顶
    - 保函费1‰左右
  - 评估费
  - 律师费
    - 固定收费
    - 风险提成
- 没钱打官司
  - 财产20万元以下，但要处理抚养权和家暴
  - 重婚控告
  - 显性财产少，隐性财产多
- 请律师的价值
  - 释放自己的时间
  - 减少自己的烦恼
  - 减少诉讼中犯错
  - 可促进谈判
- 克服弱者思维
  - 精神贫穷
    - 改变心态
  - 物质贫穷
    - 夫妻无财产
    - 家庭财产多，自己存款少
  - 以弱胜强
    - 背水一战
    - 袭其粮草
    - 以战养战
    - 边战边谈
- 谈判四维度
- 筹码
  - 对诉讼结果的预测
  - 对抚养权和财产分割的期待
  - 受感情的影响程度
  - 受案外因素的影响程度
- 假离婚
  - 法律上已离婚
  - 财产协议难推翻
  - 抚养权难推翻
  - 需要完善的财产协议
- 离婚协议
  - 陷阱
    - 离婚心切
    - 各自名下其他财产归各自所有
    - 户口迁移
    - 协助房屋过户
    - 搬离房屋
    - 阻挠探视
    - 不给抚养费
    - 虚构债务
  - 生效时间
    - 离婚当天
    - 领取离婚证、调解书前可以反悔
  - 撤销协议
    - 离婚后1年内（《民法典》已取消）
    - 欺诈、胁迫
  - 离婚冷静
    - 冷静期30天
    - 领证期30天

后记　婚姻安全忠告三十条

　　婚姻法变化越来越快，越来越复杂。"男方负责买房，女方负责买车、装修"的时代已经过去了，大城市里的女性争相买房，就是对婚姻法变化的反映。本书总结了"隔离私人财产""隐含的剩余价值""脆弱的共同财产制"等所带来的重大安全隐患，提出了"婚姻安全"的核心概念，通俗地介绍了婚前注意事项，彩礼、嫁妆、房产、存款、股权等常见财产漏洞，希望对大家塑造婚姻有所帮助。作为全书的结尾，我提炼出30条忠告，供大家参考。

一、结婚前的忠告

　　1. 不要着急结婚。因为你刚毕业或步入社会的时间不长，还不清楚自己需要什么。随着事业发展稳定，你的需求就变得更加稳定。此时寻找到的伴侣，可能更适合长久相处，婚姻更稳定。

2. 要查对方的征信。一可以在中国执行信息公开网里查询对方是不是"老赖"；二可以让对方在中国人民银行当地分行打印征信报告，借此看对方的负债、信用、房产和配偶情况。

3. 要让对方在户籍所在地的民政局查"婚姻登记档案"。若对方曾经离婚，则要看民政局存档的离婚协议是否还有巨额抚养费、补偿金等债务尚未履行。因为，这些都可能会影响婚后质量。

4. 婚前一定要体检，查看对方的体检报告。

5. 婚前要看对方的房产查册，以免对方有两套房屋，造成你婚后无购房资格。

6. 要争取在婚前自己买房。全款买房就完全是自己的；按揭买房，只有婚后共同还贷及对应增值部分是共同的。如果是对方先按揭了，你婚后想买房，就属于二套房，可能付不起首付。

7. 在谈婚论嫁时，请不要偷偷按揭买房，务必与对方商量，更不要一方买房，另一方出资装修。

8. 如果对方出钱给你买房或者共同出钱买房，要问清楚资金来源，是否存在借款或附条件的赠与，并以书面方式确认下来，最好能让对方父母签字。

9. 婚前共同买房，最好以书面形式约定份额，避免离婚时有争议。

10. 收彩礼、嫁妆，要在领取结婚证前收取，不要领证后才收。前者是个人财产，后者被推定为共同财产。

11. 同居、生产经营、买房，再婚和企业家人群，重点考虑婚前协议。

二、结婚后的忠告

12. 婚后鼓励对外追求事业发展，对内共同承担家务，根据实际情况利用家政分担家务，把双方的时间解放出来，以便更好地提升事业和高质量地陪伴孩子。

13. 父母为自己婚后买房，全额或部分出资的话，应有书面约定为对你的个人赠与，与配偶无关。更建议去公证处公证该笔款项是个人赠与，在购房时写自己名字，可保证出资部分对应的房屋为个人所有。

14. 双方父母在婚后出资买房，均宜签订书面协议，明确房产份额和出资性质。

15. 如果共同出资购房，房屋最好写夫妻俩的名字，谁也无法转移房产。

16. 对方父母出资购房，要保证不是附条件的赠与，保证不是借款。如果你证明不了是赠与，可能推定是借款。

17. 不要借父母的房改房资格借名买房；借名购买商品房，要有完善的代持协议。

18. 防止财产转移最好的办法是定期把存款变成不容易转移的固定资产。

19. 要避免婚前财产因为婚后的不当操作而变成共同财产。

20. 不要挂名对方公司的法人、股东、董事、监事等高管职务。离婚时，对方可以把大额债务都解释成用于公司经营。这就是典型的"共同经营"，属于共同债务。

21. 取消手机指纹、人脸开机，设置锁屏密码和 SIM 卡的 PIN 码。避免对方用你手机或拔出 SIM 卡插到其他手机里使用——搞网络借贷，向债权人发出确认 / 追认债务的短信。这样个人债务就变成共同债务了。

22. 必须对家暴零容忍。因为，家暴是在夫妻关系里一方对另一方的终极控制手段。如对方得逞一次，下次就会继续用这个手段来实现控制。你只有在家暴开始就懂得反击，才能让夫妻关系回归健康。

23. 要公证指定监护人，指定父母（若父母可靠）在自己丧失行为能力、重病昏迷时作为自己的监护人处理手术签字、财产管理等事项。

24. 要掌握对方的银行账户、保险单、股票账户。离婚时，如果没有这些财产线索，等于分割不了对方的财产。

25. 当对方出轨时，与其签效力不确定的忠诚协议，不如签订财产协议直接分割夫妻财产。

26. 法律上没有假离婚，领取离婚证就解除了婚姻关系，只能通过完善的协议来保障财产，而不能保障复婚。

27. 离婚是一场心理、技术的较量，切不可小看自己，过分放大对方的能量。

28. 一定要保持学习婚姻法律实务知识的心态，时刻关注法律变化。

29. 参加我的网课"手把手教你守护婚姻中的财产"，升级高阶婚姻安全知识。

30. 在出现危机、做出重大决定前，最好能咨询专业婚姻律师。

亲爱的读者：

感谢你阅读这本书，希望可以使你对自己的爱情、婚姻有更多的思考。如果你希望与我们分享自己的读后感，可以发邮件给我们。

邮件可发送至：yujianhaodehunyin@163.com

遇见吴杰臻，遇见更好的自己。

期待你的来信。